Les Villes imaginaires dans la littérature française

Jean Roudaut

Les Villes imaginaires dans la littérature française

Les douze portes

HATIER

Dépôt légal n° 10636, juin 1990.
ISBN 2.218.02731.3.
Directrice Littéraire: Colline Faure-Poirée
Recherche Iconographique: Nathalie L'Hopitault
Conception Graphique: Coriat & Associés

Quel roman que la vie d'une ville

Nicolas Poussin (1594-1665)
La Mort de Saphire, détail, vers 1654-1655

Maria-Elena Vieira da Silva
(née en 1908)
Le Promeneur invisible, 1951

Luca Signorelli (vers 1445-1523)
Le Martyre de saint Sébastien, détail

Giorgio De Chirico (1888-1978)
Cité métaphysique, 1914-1916

Wendel Dietterlin (1550-1599)
Architecture, 1598

François de Nomé,
dit "Monsù Desiderio"
(vers 1593 - après 1644)
Architecture imaginaire

François de Nomé, dit "Monsù Desiderio"
(vers 1593 - après 1644) Architecture

William Blake (1757-1827)
Europe, une prophétie : l'Eternel, vers 1821

Jean de Gourmont (vers 1483 - après 1551)
Adoration des bergers

Babylone, enluminure pour Beatus de Liebana,
Commentaire sur l'Apocalypse
Abbaye de Saint-Sever, milieu du XIe siècle

Nicolò dell Abate (1509 ? 1516 ?-1571)
L'Enlèvement de Proserpine, détail

René Caillié (1799-1838)
Vue de Tombouctou, vers 1824-1828

Fernand Khnopff (1858-1921)
La Ville abandonnée, 1904

Lucien Lévy-Dhurmer (1865-1953)
Portrait de Georges Rodenbach, 1896

Albert Carel Willink (1900-1983)
Stadtsgezicht

Ambrogio Lorenzetti (vers 1290-1348)
Vue d'une ville près de la mer

Yves Tanguy (1900-1955)
Du vert au blanc, 1954

Pieter Bruegel l'Ancien (vers 1525-1569)
La Tour de Babel, détail

Paul Klee (1879-1940)
Polyphonie, 1932

François de Nomé, dit "Monsù Desiderio" (vers 1593 - après 1644)
Attaque d'un palais

Augustin Lesage (1876-1954)
L'esprit de la pyramide, 1926

Giuseppe Bibiena (1695-1757) (attribué à)
Perspective avec colonnade en hémicycle

Romain de Tirtoff, dit Erté (1892-1990)
Projet de décor d'une salle de bal
pour le film The Restless Sex, 1920

Claude Deruet (1588-1660)
Le Feu, détail, 1640-1641

H·PART
H·MALGAST

Hans Sebald Beham (1500-1550)
Table peinte. Histoire de David, détails, 1534

Pierre Patel dit le Vieux (vers 1605-1676)
Paysage avec Céphale et Procris

Louis Desprez (1743-1804)
Pompéi, le temple d'Isis

Jean-Laurent Legeay (vers1710 - vers 1780)
Paysage fantastique

XXXIII

Giambattista Piranesi (1720-1778)
Intérieur de palais

Horst von Harbou
Photo du film de Fritz Lang,
Métropolis, 1925-1927

Antoine Caron (1521-1599)
La Sibylle de Tibur

Gustave Moreau (1826-1898)
Triomphe d'Alexandre le Grand

CARTHA
GO

Claude Gellée, dit le Lorrain (vers 1602-1682)
Vue de Carthage avec Didon et Enée, 1676

Louis Verly (1769-1842)
Théâtre et bains du Peuple

Pol de Limbourg (?-1416?), Plan de Rome,
Enluminure pour les Très Riches Heures
du duc de Berry, 1415-1416

Lanqua, la ville enchantée
Enluminure pour l'Histoire des Mongols, XVIIe siècle

Jérusalem
Enluminure pour Advis directif
pour faire le passage d'Oultre-mer
de Jean Miélot, 1455

Francesco di Giorgio Martini (1439-1502) (attribué à)
Architecture d'une cité idéale, fresque

XLV

XLVI

Lucien Lévy-Dhurmer (1865-1953)
Ma mère, un soir, a vu la ville d'Ys

Andrea Mantegna (1431-1506)
Le Christ au Jardin des oliviers, détail : Jérusalem, 1459

Fra Angelico (vers 1400-1455)
Déposition de la croix, détail : Jérusalem, vers 1440

André Masson (1896-1987)
Le Labyrinthe, 1938

Giorgio De Chirico (1888-1978)
Gare Montparnasse (mélancolie du départ), 1914

Lucas van Valckenborgh (vers 1530-1597)
Printemps, ensemble et détails

Etienne Boullée (1728-1799)
Entrée de ville

Lointains

«Quel roman que la vie d'une ville», la vie qui l'occupe, sa vie propre à travers les siècles, la vie de son nom ! Une exclamation déformée, car Balzac parlait du roman que constitue l'histoire d'un mot, justifie-t-elle le choix d'un objet de description pour thème d'une recherche ? Ce qui, cependant, peut séduire, c'est l'arbitraire d'un choix, l'indétermination première d'un domaine. Comment le justifier, préalablement à tout effort de réflexion, autrement que sous forme d'une histoire romanesque ? Un personnage, qui est à la fois celui qui énonce et celle à qui il s'adresse, qui n'a jamais été ce qu'il fut mais est ce qu'il projette d'être, hante les villes. Elles lui sont terrain d'élection; il aime ce qui, n'étant pas compté, est donné, ce qui lui est soufflé et, ne dépendant pas de sa personne, l'habite et le meut; il se sait le devoir de recueillir des paroles, de construire une ville, c'est-à-dire une phrase et un livre à quoi dès lors sa vie se mesure.

Une vie peut s'édifier et se désorienter dans la fréquentation de villes romanesques : Byzance est du domaine de l'histoire; Thessalonique, un nom de femme; Venise, une représentation habitable de la littérature. Il n'y a pas de voyageur qui n'en vienne à s'interroger sur le degré de réalité de ce qu'il vit, en des villes cependant repérables sur le cadastre, situables sur l'horizon, ni qui ne se demande comment peut naître un sentiment d'irréalité de ce qui, pour tout autre que lui, serait insoupçonnable. Ce qui en toute ville réelle apparaît à l'errant, comme le filigrane d'une page, c'est une ville imaginaire qui conférerait aux pierres et aux venelles leur prestige. Et dès lors, les aventures qu'il peut connaître dans la ville (la rencontre des anges et l'entente des voix prophétiques), il lui semble qu'elles sont l'inscription de la ville imaginaire sur la ville réelle, formant un dessin, fragmenté, mais lisible dans ses linéaments. Une expérience vécue des labyrinthes et des monstruosités, des chemins fourchus et des ellipses, des rapprochements et des contrastes, le mène à considérer la ville comme un texte où, sous un sens clair, reposeraient mille paroles enfouies et murmurantes. Ce qui émerge de la réalité, comme au loin, dans les brumes d'été, sur l'océan, une île paraît un trois-mâts immobile, c'est l'émerveillement que causent le langage, l'expression, la littérature.

Est-ce suffisant pour justifier que parmi les motifs divers de l'écrit, l'attention se porte sur la représentation littéraire des villes ? Les cuisines où s'allient le cru et le cuit, les couleurs et les épices, ou bien les bouquets, ou encore les repas, auraient-ils été des sujets futiles ? Nous apprendrions, par une étude sur la distribution romanesque des fleurs, bien des choses sur les codes sociaux, sur les soucis de l'harmonie ou des dissonances, sur les langages obliques. En bref, il n'y a pas un ensemble homogène et réitératif du texte qui ne vienne témoigner des besoins primitifs de l'être (comment le pain est-il partagé dans cette cuisine où on m'invite à pénétrer ? comment le feu est-il regardé, quand tout dans la maison est éteint ?), ni qui n'engage en une rêverie essentielle à la connaissance de nos vies multiples. Outre une attention personnelle qui, si elle fonde ces pages en écho répété d'autres pages, pour autant ne le justifie en aucune manière, le choix du motif des villes dans la littérature peut s'expliquer

BREVES, BRIEVEMENT :

Le lecteur moderne est pressé, le monde roule à toute vitesse. Et pourtant il y a la Littérature.
Cette collection “Brèves” elle aussi va vite, elle court, rattrape les ombres. Corneille vient juste de sortir, Rousseau referme son herbier. Des vies donc, plus que des analyses ou commentaires. Un “roman” de la Littérature que des écrivains d’aujourd’hui nous racontent, depuis les origines jusqu’à nos jours. Méthodiquement, brièvement, on ne perd pas de temps à saisir le temps. Volume après volume le “style” coule comme le sang de la vie. Une iconographie de grande qualité ouvre sur le fourmillement des siècles. La culture est abordée de façon nouvelle : c’est une mise en appétit plus qu’un simple savoir.

Michel Chaillou

Michel Chaillou.

PREMIERS TITRES DE LA COLLECTION BREVES LITTERATURE :

Petit Guide pédestre de la littérature française au XVIIe siècle (1600-1660), par Michèle et Michel Chaillou.

Le Joli Temps. Philosophes et artistes sous la Régence et Louis XV (1715-1774), par Jean-Noël Vuarnet.

Les villes imaginaires dans la littérature française, par Jean Roudaut.

•

A PARAITRE A LA RENTREE 1990 :

Ces Imbéciles Croyants de liberté (1815-1852), par Michel Orcel et François Boddaert.

Le Second XVIe siècle (1550-1600), par Pierre Lartigue.

Les Baromètres de l'âme. Naissance du journal intime, par Pierre Pachet.

•

AUTRES AUTEURS DE LA COLLECTION :

Michel Butor, Bernard Cerquiglini, Jacqueline Cerquiglini, Patrick Chamoiseau, Raphaël Confiant, Jacques Darras, Michel Deguy, Charles Méla, Henri Meschonnic, Natacha Michel, Claude Mouchard, Bernard Pingaud, François Regnault, Jean-Loup Rivière, Jacques Roubaud, Martine de Rougemont, Jean Thibaudeau, Jean-Loup Trassard, ...

HATIER

d'autre façon. La ville a l'avantage d'être un objet complexe: elle n'est pas l'œuvre d'un personnage, mais une création lente et collective; elle est donc marquée par une histoire dont la durée imaginaire est sans origine. Elle met en jeu une terminologie qui est empruntée à des champs sémantiques multiples : celui de la géographie, puisqu'il faut situer la ville, indiquer les mouvements de terrain qui conditionnent sa forme mais que l'on ne perçoit plus; celui de l'histoire, parce que les inscriptions marquent des drames et des conflits que les habitants ignorent plus ou moins, mais qui continuent de rôder dans la mémoire et de régir leurs conduites obscures; ceux de l'urbanisme, de l'architecture, de la peinture; celui d'un avenir pressenti et qui n'a d'autre expression que métaphorique. Dès lors, la description de la ville n'aura pas un rôle de décor tendant à accorder au lecteur l'illusion que le texte transcrit une réalité, ni une simple valeur de discours politique, mais constituera, par l'expression d'un rêve résurgent, l'ébauche même d'une théologie : la ville terrestre ne serait pas, si la cité céleste ne cautionnait son existence éphémère, et, se donnant pour son modèle absolu, n'orientait nos essais dans la voie d'un accomplissement. Les segments de textes où sont présentées des villes se trouvent ainsi devoir supporter diverses lectures, linguistique quand il s'agira d'examiner le système des nominations imaginaires des villes et des langues prêtées aux pays inconnus; anthropologique et thématique, puisque souvent la description implique une rêverie sur le refuge, la transition, l'extension; sociologique, puisque toute représentation de ville est la mise en scène de groupes sociaux en mutation; morale, car la ville est le lieu de la perversion dans un monde où la religion est célébrée par les pasteurs et les bergers. Restif de la Bretonne intitule, «Mes sentiments sur la servitude à la ville» la lettre 6 de la première partie du *Paysan perverti*, dont le titre second est : *ou les dangers de la ville* (La Haye et Paris, 1776). Quand il déclare que «les femmes aiment la ville» (IIe partie, lettre 31), ce n'est à la louange ni des unes ni de l'autre. D'ailleurs ne termine-t-il pas son livre par un «plan d'association rustique», qui permettrait de retenir à la campagne les jeunes paysans et ainsi de «les préserver de la corruption» ? Restif, on le sait, se veut très proche de Jean-Jacques Rousseau, qui déplace le conflit ville-campagne du plan économique au plan moral.

Le même schéma d'opposition se retrouve, sur un mode ironique et parodique, chez Jules Janin dans *L'Ane mort et la femme guillotinée* (2e version, 1841). Il vitupère la ville, corruptrice de son héroïne en des termes évocateurs de ceux de Restif : «moi seul je savais ce qui l'avait perdue, le voisinage de Paris, qui envoie dans les villages qui entourent, ses fumiers et ses vices de chaque jour; Paris corrupteur de toutes les innocences, qui fane toutes les roses, qui flétrit toutes les beautés; insatiable débauché ! si redoutable à ce qui est pur et sans tache» (ch. XX). La notion de ville maléfique est liée au transfert de population qui s'opère dès le XVIIIe siècle de la campagne au nouvel univers urbain. Manœuvres sans emploi fixe, êtres transplantés hors de leurs soutiens communautaires, il ne reste plus aux hommes qu'à être filous, comme il est nécessaire aux filles d'être de joie.

La ville a cependant une vertu qui est d'être un lieu d'éducation. Elle permet d'associer aux leçons, humainement stériles, des collèges une pratique de la fréquentation : elle est une forme développée de la cour. Le jeune homme bien né y a l'occasion de rencontrer toutes les couches sociales, comme il arrive même à une jeune fille, la *Marianne* de Marivaux. Il parfait ainsi sa connaissance des langages et son usage des codes. Cela a si bien réussi à Victorin que le bon seigneur, qui est à l'origine de *La Découverte australe* selon Restif (1781), juge ce séjour nécessaire à l'éducation de sa fille. Mais quand passe-t-on de la notion de village à celle de ville pour qu'un lieu puisse être tenu pour responsable de la déstabilisation ou de la construction de l'être ?

La définition même de la ville pose quelque problème aux géographes. Dans son étude sur *L'Origine et la fonction économique des villes* (Paris, 1910), René Maunier propose d'appeler ville des agglomérations «ayant une certaine population». Ce qui laisse dans le flou. Est-ce la lecture de La Bruyère, qui, dans *Les Caractères* (ch. VII, 4), parle de la ville comme d'un lieu de conflit entre diverses sociétés qui a entraîné Pierre George à associer la notion d'extension et celle de structure : la ville est «une société complexe dont la base géographique est particulièrement restreinte par rapport à son volume, ou dont l'élément territorial est en quantité relativement faible par rapport à celle de ses éléments humains» ? Les villes sont des organismes polygéniques «dont la croissance s'est accompagnée de substitutions et surtout de mutations internes. Elles sont en inadaptation chronique aux besoins» (*La Ville*, 1952). Elles apparaissent ainsi comme des conglomérats de formes qui auraient survécu à leurs fonctions. La durée et l'histoire leur sont une dimension structurale essentielle, quand la ville littérairement imaginaire sera donnée comme existant hors du temps. En effet, les dictionnaires, celui de Furetière, et encore celui de l'Académie, en 1835, insistent à la façon de l'*Encyclopédie*, en 1765, sur le rôle significatif des murailles. La ville est enfermée et protégée (ce que voulait déjà Vitruve, qui se souciait au Ier siècle avant J.-C., dans son essai *De l'architecture*, de l'orientation des vents pour pouvoir les dévier ou les briser); et de ce fait elle apparaît, à qui s'approche d'elle, comme un seul bloc posé au sol, comme un météorite géré par un temps d'une toute autre nature que celui qui nous fait passer.

Je ne m'arrêterai pas à des difficultés de définition. Le mot «ville» est généralement donné explicitement dans le texte par le scripteur, sans que son extension soit déterminée. Il est possible de désigner sous ce terme générique tout ce qui est un conglomérat d'habitations, l'«assemblage d'un grand nombre de maisons disposées par rues» selon le dictionnaire de l'Académie. Un château même, plein de corridors et de balcons, d'enfilades et d'esplanades, pourra fonctionner comme une ville, et on sait que des villes sont habitées comme des appartements.

Murs aux alentours

Les villes, dans les romans réalistes, ressemblent désespérément aux nôtres. Elles nous enferment en leurs murs que nous reconnaissons trop facilement pour être ceux de nos prisons. Retrouver, dans un roman historique, une reconstitution bricolée nous cause un plaisir critique, comme nous trouvons un intérêt au pittoresque de Paris, où la circulation est si difficile selon Boileau, et où Marianne connaît bien des aventures selon Marivaux.

Le véritable enchantement des villes, ce sont les constructions imaginaires qui nous le procurent. Et nous les rencontrons au terme de longues traversées, comme si nous devions connaître la nuit, nous désentraver des algues, retrouver le cheminement des espèces marines, remonter les plages vers les dunes et les terres. La révélation d'un monde construit, d'une demeure précieuse déposée et demeurée sur la terre peut alors se produire. Les récits de voyage nous mèneront vers de telles îles au loin, vers les villes imaginaires.

Les récits de voyage sont nombreux dans tous les siècles, s'ils changent de caractère du moyen âge au XXe siècle, passant de la commémoration d'un pélerinage à l'enquête philosophique menée par Diderot aux Pays-Bas, de la quête du plaisir par Stendhal à l'étude des Etats-Unis, par Chateaubriand ou Michel Butor, de la relation poétique de Marco Polo à celles de Victor Segalen au Thibet, de Claudel en Orient, de Michaux en Asie. On glisse ainsi, car les deux se mêlent, aux récits de voyages imaginaires, dont le dernier grand ensemble est constitué par l'œuvre de Jules Verne. Ces ouvrages ont tous un caractère commun : ils expriment une critique politique, qui se transforme en l'expression littéraire d'un rêve (il va de soi que l'utopie peut être première et fonder la critique : c'est originellement et obscurément en soi que s'enracine ce à quoi, ensuite, il faut apporter des raisons). En effet les voyages imaginaires conduisent à la description d'un «ailleurs» qui, progressivement, se sépare, s'oppose à l'«ici» : les antipodes sont le lieu inverse, politiquement, linguistiquement, spirituellement de celui dont je tends à m'éloigner. Partir en voyage, c'est quêter un lieu où il soit loisible de vivre «avec un corps et une âme». De ce fait, les villes imaginaires où vont aborder les voyageurs représenteront les différents stades d'une société en évolution. Les Etats imaginés par Platon, dans *La République*, par Thomas More dans son *Utopie* (1516), par Thomas Campanella sous le nom de *Civitas Solis* (1602), par Etienne Cabet dans son *Voyage en Icarie* (1842), qui souhaite trouver en ville des trottoirs protégés et des reposoirs, la fin des inscriptions publicitaires et le développement des transports, tous ces Etats visent à constituer des modèles pour les nôtres si, politiquement, déficients. Les villes imaginées en ces Etats ne sont pas seulement des critiques de notre système de gestion et de partage, elles sont également les matrices d'un homme futur. Car modifier le lieu de résidence, transformer pour les rendre harmonieux les rapports de pouvoir qui gèrent nos sociétés, changer les concentrations d'esclaves en demeures de seigneurs, c'est envisager la possibilité de rédimer la condition humaine malheureuse. La ville imaginaire sera à la fois la représentation architecturale de l'homme futur réconcilié et, par le biais de la critique de notre situation, l'incitation à restaurer notre lieu pour que nous puissions naître meilleurs. Les descriptions des villes imaginaires sont donc à la fois polémiques et annonciatrices. On pourrait les classer, en dehors de tout souci de chronologie et d'esthétisme, selon la progression qu'elles proposent dans l'évolution espérée de l'être. Un récit de voyage s'organise ainsi en une succession d'étapes qui, dans *Le Voyage de Saint-Brendan* (version française du XIIe siècle) sont figurées par des îles liturgiques; dans l'œuvre de Rabelais, des attitudes d'esprit deviennent paysages, tandis que Jarry mène Faustroll en bateau, dans une exploration pratique de la poétique. Chaque lieu atteint, par Ulysse ou par Gulliver, peut être tenu dans le voyage imaginaire pour un état figuré de l'être. Et le dernier, sans cesse remis, sans fin à construire, serait celui d'une réintégration dans le monde des dieux. A ces villes de rêve, dont la figure, élémentaire mais complète, dans les romans médiévaux qui narrent la quête du Graal, est celle du château, clos, aérien, illuminé de son secret, s'opposent les figures du chaos que sont la forêt dans son inextricable prolifération et l'océan par son interminable mouvement stérile. Et l'antagonisme entre ces deux images couvre, bien sûr, l'opposition de la matière brute et de l'édification, celle de soi, fruste et impulsif, et d'un être harmonieux, la distinction de l'homme sans âme et du corps glorieux, qui se symbolise par celle du plomb et de l'or. La beauté des villes qu'habitent les anges est irréductible à nos critères esthétiques. Elles sont sans défaut, quand les nôtres sont marquées de notre pesanteur. Cependant, les anges sont parmi nous, affirme Saint-Martin; et dans *Louis Lambert*, Balzac nous rappelle que seules nos différences spirituelles nous séparent alors que nous partageons l'espace et le même temps : «En apparence confondues ici-bas, les créatures y sont, suivant la perfection de leur être intérieur, partagées en sphères distinctes dont les moeurs et le langage sont étrangers les uns aux autres.» En fait, nous sommes, en même temps, à tous les moments de l'évolution. Si les formes du passé gardent des représentants, car les niches écologiques n'abritent pas que des espèces animales, il faut penser également que l'avenir se préfigure en notre communauté humaine. Mais pour déceler le passage des anges parmi nous, il convient de s'être rendu sensible aux violences de l'esprit et au tranchant de l'âme. Pour converser avec les anges, il faut être déjà de leur monde, ce qui est le privilège des poètes. Ils ont le don de voyance (Balzac parle du don de «spécialité», qui consiste à saisir les rapports entre les choses comme se rapprochent au point de s'unir, dans un miroir concentrique, les éléments séparés du divers). Pouvant apercevoir ce qui se préfigure, ils sont en mesure de prophétiser; voyant l'ombre des anges, ils imaginent leurs demeures de lumière. La construction littéraire de villes imaginaires sera le fait des rêveurs éveillés et des prophètes. Dans la consignation des *Gestes et opinions du Docteur Faustroll, pataphysicien* , Alfred Jarry fait transiter son héros par un certain nombre d'îles; ce sont des créations d'artistes – Emile Bernard, Paul Gauguin – ou d'écrivains – Léon Bloy, Gustave Kahn («Le Palais était une bizarre jonque sur une eau calme ouatée de sable»), Stéphane Mallarmé (à l'île de Ptyx on ne percevait plus «les accidents des choses, mais la substance de l'univers»). L'explication orphique du monde tend à le rendre unique, nécessaire et lumineux.

La période symboliste est particulièrement riche en évocations poétiques de villes imaginaires. La description de l'une d'elles, celle qu'André Gide édifie, au chapitre 2, dans *Le Voyage d'Urien* (1893) doit être citée intégralement : «Derrière nous commençait l'aurore; et tandis qu'elle montait les brumes s'écartèrent. C'est alors qu'elle nous apparut, cette prodigieuse cité, non loin de nous, dans une immense plaine. Elle était couleur d'aurore et musulmane, aux minarets fantasques dressés; des escaliers en enfilades menaient vers des jardins suspendus et, sur des terrasses, des palmiers mauves se penchaient. Au-dessus de la ville flottaient des brouillards en nuages que déchiraient les minarets pointus. Les minarets étaient si hauts que les nuées y restaient prises, et l'on eût dit des oriflammes, des oriflammes tendues, sans un pli, malgré l'air fluide où ne remuait pas une brise.

Or, telle est notre incertitude : devant les hautes cathédrales, nous rêvions aux tours des mosquées; devant les minarets aujourd'hui, nous rêvions aux clochers d'églises, et dans l'air matinal nous attendions les angélus.»

Ce texte peut être tenu pour un *topos* de la description des villes imaginaires :
- la ville est présentée comme une apparition. Car la ville imaginaire ne s'approche pas par des faubourgs. On ne l'aborde pas après avoir traversé un tissu urbain plus ou moins lâche. Elle a une limite sévère qui tranche du quotidien au somptueux, comme la description dans le récit;
- elle porte les marques d'un lieu d'origine, qui serait également un lieu de réconciliation. Les signes de l'Orient sont rappelés de façon pléthorique. L'Occident nourrit le rêve de trouver en Orient le germe de ses représentations du monde, de son origine et de sa fin. La conquête spirituelle de l'Orient est une approche du paradis. Jérusalem est au centre du monde terrestre en tant que projection d'une Jérusalem céleste. S'en faire l'habitant, c'est échapper à la durée, à la chute et être dans l'éternité de la rédemption. Ainsi Hatteras rêve follement d'atteindre le pôle qui, immobile dans l'universelle mobilité, soustrairait au temps et au passage celui qui s'y établirait. L'Orient est, dans toute la mythologie occidentale, le domaine du monde caché et efficient. Il hante notre présent et peut demeurer invisible. Sa présence active est indiquée dans le Paris de *L'Education sentimentale* par une série de notations, renvoyant, elles, moins au spirituel qu'au sensuel, si bien que, lorsque après la mort de Dussardier tué par Sénécal, Frédéric Moreau quitte Paris et qu'il nous est dit : «Il voyagea», on peut imaginer le grand «blanc» qui sépare

les chapitres 5 et 6 de la troisième partie du roman, et qui fut tant admiré de Proust, occupé par un voyage en Orient : «Il connut la mélancolie des paquebots, les froids réveils sous la tente, l'étourdissement des paysages et des ruines, l'amertume des sympathies interrompues.»

L'Orient désigne une région de la rêverie. Dans «L'Invitation au voyage», le poème XVIII du *Spleen de Paris*, Baudelaire recourt à la notion des antipodes complémentaires pour dire l'étrangeté d'un «Pays singulier, noyé dans les brumes de notre Nord, et qu'on pourrait appeler l'Orient de l'Occident, la Chine de l'Europe...»

L'expression extrême de ce recours aux images de l'Orient est probablement due à Lamartine. La huitième vision de *La Chute d'un ange* narre le meurtre du prophète Adonaï et la destruction du «livre primitif». Cedar et Daïdha sont emportés dans «un navire céleste à l'étrange figure» qui leur permet, dans la neuvième vision, de survoler une ville imaginaire, gigantesque et orientale :

On eût dit à leur foule, à leurs sommets pressés,
En aiguilles, en arcs, en minarets dressés,
Une forêt de pierre où les granits, les marbres,
Auraient germé d'eux-même et végétaient en arbres.
Pyramides, palais, dressés sur leurs séants,
Ponts immenses montant sur leurs cintres béants;
Arcs sur arcs élevant de larges plates-formes
Servant de piédestal à des monstres énormes,
Obélisques taillés dans un bloc seulement,
Arrachés de la terre ainsi qu'un ossement,
Et sans rien supporter s'amincissant en glaive,
Dans le ciel étonné se perdant comme un rêve!
Aqueducs où grondait le fleuve aux grandes eaux,
Jardins aériens portés sur mille arceaux,
Dont les arbres géants plus hauts que nos idées
Jetaient sur les palais l'ombre de cent coudées !

L'Orient peut être le signe d'une espérance; il est également celui de la monstruosité. Et cette Babel est le lieu du mal. L'«ailleurs» évoqué et l'«ici» d'où l'on parle sont réversibles. Leurs déterminations sont certaines mais instables : le lieu présent appelle l'antipode, tout comme le lointain se préfigure dans le proche. De la description de la ville imaginaire, s'induit le sentiment qu'il n'y a pas de rupture absolue entre la transcendance et l'immanence, et que, s'il faut renoncer à trouver sur cette planète un lieu qui ne soit pas soumis au second principe de la thermodynamique de Carnot, rien n'impose de renoncer à l'idée que tout l'imaginaire est compris dans le réel et qu'il n'y a rien d'imaginaire qui ne naisse du réel. Et, comme l'imaginaire est ce qui tend à devenir réel, selon le mot d'André Breton, la ville rêvée existe dans notre ville quotidienne, à la façon des anges qui nous hantent sans que nous sachions les remarquer.

Avertissement

Les villes présentées, ou seulement annoncées, dans un roman n'ont pas toutes le même statut. Même si on considère comme relevant d'un autre projet la description des villes dans les itinéraires, du simple Baedeker à *Rome, Naples et Florence* de Stendhal, on ne peut négliger le fait que, dès qu'il y a écriture, il y a ébauche de ville imaginaire. Un guide élabore une vision littéraire de la ville qu'il présente. Une ville, serait-elle nommée Paris ou Rome, devient dans un roman une construction de mots, qui s'accompagne donc d'une interprétation. La description recrée le lieu nommé, au même titre qu'une peinture; ce n'est donc pas la fidélité à ce que couvre, topographiquement, le nom qui importe, mais l'organisation du texte. Il faut distinguer parmi les villes que l'on peut dire romanesques celles qui prétendent évoquer un certain espace de la réalité et celles qui se donnent ostensiblement pour imaginaires.

Une œuvre peut ne faire référence qu'à un seul lieu, et en porter le titre, comme la série des trois villes de Zola, *Lourdes* (1894), *Rome* (1896), *Paris* (1898). Mais, pour des raisons de liberté sociale et de fonctionnement dramatique du récit, le romancier «réaliste» aime mêler à des lieux connus des villes insituables. Dans *Le Rouge et le Noir*, Verrières s'oppose à Besançon : la ville imaginaire, à l'existence possible de laquelle le narrateur veut nous faire croire, est décrite dans le style d'un ouvrage touristique; le narrateur se fait le guide du lecteur. Ainsi nous connaîtrons de Verrières sa situation géographique en Franche-Comté, au bord du Doubs; son aventure historique, où les Espagnols jouent un rôle; son avenir économique, par l'opposition entre l'industrie à clous et les scies à bois. Le pouvoir appartient depuis peu aux industriels : le maire se fait construire une maison «en pierres de taille qu'il achève en ce moment» (I,1). L'urbanisme traduit un conflit politique : la construction de la promenade publique intitulée cours de la Fidélité permet au conservatisme d'écarter la scierie. Par le truchement de personnages, sont signalés les édifices qui caractérisent le régime : l'hôpital, le dépôt de mendicité, la prison. La description de la ville inventée se fait discours politique. Au chapitre XVIII seulement, quand viendra «Un roi à Verrières» le lecteur apprendra que l'abbaye de Bray-le-Haut abrite une célèbre relique, dont nulle indication ne nous avait été donnée à l'ouverture du récit.

A la ville inventée, Verrières, s'oppose la ville réelle, Besançon, à «Une petite ville» (I,1), «Une capitale» (I, 24), si bien que Besançon devient une étape obligée sur le chemin vers la véritable capitale à conquérir, Paris. De Besançon, seul un monument particulier est mentionné. Julien Sorel aperçoit «sur une montagne lointaine, des murs noirs; c'était la citadelle de Besançon» (I, 24). Cette ville close en enferme une autre, le séminaire que signale «la croix de fer doré sur la porte». De la ville, nous saurons seulement qu'il y a un café, où, entre les billards et dans la fumée, officie Amanda Binet, une cathédrale, où viendra prier Madame de Rénal. C'est-à-dire que sont nommés quelques lieux fonctionnels communs à toutes les villes, sans qu'aucun effort descriptif ne soit fait pour donner l'illusion de leur réalité géographique. Cette ville n'est une capitale que pour l'esprit de campagne. Il est vrai qu'elle régente une région, mais la puissance réelle est à Paris. Quand Julien Sorel arrive au lieu effectif du pouvoir politique, il se désintéresse du «Paris vivant, il n'était touché que des monuments laissés par son héros» (II,1). La Malmaison est citée. Nous n'en saurons pas davantage du Paris de l'Empire.

L'évocation de Paris est réduite à une allusion aux goûts artistiques de Julien Sorel : «Quelle architecture magnifique ! dit-il à son ami. Il s'agissait d'un de ces hôtels à façade si plate du faubourg Saint-Germain, bâtis vers le temps de la mort de Voltaire. Jamais la mode et le beau n'ont été si loin l'un de l'autre» (II,1). Enoncé sous la forme d'un constat indiscutable, ce jugement ne relève sans doute pas d'un sentiment esthétique, mais d'une position politique : rien en ce siècle de décrépitude ne peut dire la force, ou la *virtu*, indispensable : celle dont on trouve l'expression au palais Farnese, ou au Pitti, ou dans les constructions baroques, qui abhorrent les façades plates, parce que la pensée est tout occupée de grandes actions.

L'arrivée dans les villes ponctue *Le Rouge et le Noir :* de Verrières à Paris, par Besançon, avant de revenir à Verrières. Le conflit qu'illustre le récit est celui que posent les titres antithétiques : «Une petite ville», «Une capitale». De la même façon, dans *Lucien Leuwen*, la ville de Nancy, mesquine et bigote, est décrite d'une façon dépréciative : rien ne fait valoir qu'elle fut la capitale de Stanislas Leczinski. Ce qui dévalorise cette ville, c'est d'être aux antipodes de Paris, dans l'obscurité (passe comme un crépuscule, l'ombre de la congrégation) quand il conviendrait de tirer la leçon des idéologues et de la Révolution. Sous la misère de Nancy, il faut lire la gloire possible de Paris. Car c'est de Paris que viendront l'énergie et la subversion provoquées par la liberté de la pensée, seules capables de fissurer la chape de lourdeur, de tristesse, d'endormissement qui couvre la ville religieusement dirigée. Le nom de Nancy n'est ici que le prototype de la ville détestée, comme la Belgique désigne chez Baudelaire un continent de la pensée exécré.

Les descriptions de villes, citées par leurs noms géographiques dans les romans dits réalistes, ne sont pas nécessairement gérées par le principe de l'«illusion de réalité». Tout au contraire : la nomination dispense de multiplier les petits détails vrais. A une «ville à référent» (comme Besançon dont le nom est tenu pour réel) s'oppose une ville imaginée (Verrières). Dans *Madame Bovary*, Flaubert fournit un autre exemple d'opposition entre une «ville à référent», Rouen, et une ville dont la description devrait amener le lecteur à s'imaginer qu'elle existe, Yonville. Les deux descriptions constituent une sorte de diptyque. Alors que l'introduction à la vision de Rouen ne retient pas d'indications historico-géographiques, elles se multiplient au début de la description d'Yonville-l'Abbaye. Le lieu ne figurant pas au cadastre, il faut justifier la dénomination du village, «ainsi nommé à cause d'une ancienne abbaye de Capucins dont les ruines n'existent même plus» (II,1) (ce «même plus» a pour objet de dissuader le lecteur d'opérer une localisation trop précise). Il faut également en préciser l'importance dans l'échelle des villes : ce sera «un bourg», en indiquer la place géographique : «au fond d'une vallée qu'arrose la Rieule». Le nom seul de Rouen supplée à toute nécessité de renseignement, quand il est au contraire indispensable de multiplier les indications pour une ville qui doit donner l'illusion d'exister. La description de la ville irréelle multiplie les signes de l'illusion réaliste. La description de Rouen est immédiatement donnée comme identique à celle d'un tableau : «Ainsi vu d'en haut, le paysage avait l'air immobile comme une peinture» (III, 5). Et cependant la description use d'indications de couleurs conventionnelles : le ciel est «pâle», les collines sont «vertes»; les îles sont comme de grands poissons «noirs»; les nuages issus des cheminées sont «bruns». Seuls «les arbres des boulevards, sans feuilles, faisaient des broussailles violettes» (III, 5), comme si se mêlait à un paysage convenu une anticipation d'œuvre impressionniste. A la façon dont Monet peignant les cathédrales nous fait voir ce qui nous empêche de les voir, la voix narrative multiplie les indications de brouillage de la vision : interviennent le «brouillard», la «brume», des «panaches bruns», les nuages, la pluie. Ce ne sont pas seulement les signes du passage et de l'évanescence, mais ceux de la dilution. La description transcrit des impressions et non des formes. Car le lieu, ici, n'est pas un protagoniste du récit: il est un milieu. On s'y engloutit. La vieille cité normande apparaît à Madame Bovary «comme une capitale démesurée, comme une Babylone» (III, 5). Si la comparaison depuis l'Apocalypse est à la mode pour signaler la déchéance et la luxure, elle assure, en cet endroit, le passage du descriptif au mythique.

Les éléments répertoriés dans la description de Rouen (les ponts, les îles, les cheminées d'usine) ont une valeur de ponctuation, comme les lignes structurales d'un tableau transformées ensuite en mâts et en berge (aucun d'entre eux ne joue un rôle dans un autre lieu du texte) ; au contraire, les éléments mentionnés dans la description d'Yonville ont un rôle fonctionnel. Les monuments indiqués ne sont pas seulement ceux qui relèvent d'un «modèle» de village : leur description annonce le déroulement de l'action. Est d'abord présentée la maison du notaire, «la plus belle du pays» ; les halles «occupent à elles seules la moitié environ de la grande place» ; la mairie est construite comme une pièce montée; instable est l'église, «dont la voûte en bois commence à se pourrir» (son desservant reçoit bien des dons du ministre de l'intérieur, mais il s'avère incapable d'entendre la détresse et de diriger les rêves) ; l'auberge du Lion d'or est le centre d'échange des informations ; on en arrive à la pharmacie de M. Homais : «Il n'y a plus ensuite rien à voir dans Yonville» (II,1). Mais ce n'est là qu'une fausse fin de la description, car on doit poursuivre la route et «bientôt on arrive au cimetière». Où, des pages plus tard, s'achèvera le récit. La description est ironique et les comparaisons tendent moins à faire voir qu'à introduire un jugement de valeur dépréciatif. Les figures symboliques du drame ayant été décrites sous forme d'éléments urbains, le roman illustrera la relation entre les différentes parties de ce décor.

Une «ville à référent» ne s'oppose pas nécessairement à une ville imaginée. D'autres oppositions sont possibles : derrière la ville de Nancy s'aperçoit la lumière rêvée de Paris, dans *Lucien Leuwen*. Et Flaubert, dans *L'Education sentimentale*, met en contraste Nogent et Paris. Le conflit peut toucher la relation ville-campagne : il est moral chez Rousseau, énergétique chez Balzac. Si pour Flaubert la bêtise est équitablement distribuée entre les villes décrites ou créées, il est simplement plus aisé à Paris qu'à Yonville d'échapper au suicide. Pour évoquer les villes ouatées, où les drames se déroulent en silence, où les mystères sont habilement dissimulés, où les actions les plus indifférentes donnent lieu à de superbes analyses (ainsi que nous le précise le narrateur d'*Eugénie Grandet*), Balzac choisira Alençon, y faisant vivre *La Vieille Fille*, Guérande pour y faire débarquer Béatrix, Saumur pour y faire vieillir Eugénie Grandet. De cette ville, rien ne sera dit qui soit plus précis que le nom ; les éléments descriptifs n'auront pas pour objet de rendre présent un paysage urbain, mais de l'effacer : la rue sera peu fréquentée, la voie étroite et tortueuse. Il s'agit de «l'ancienne Grand'Rue», dont le nouveau nom n'est pas mentionné. «L'église paroissiale» n'est jamais désignée du nom de son saint patron. Ces notations sont à relier avec une indication du genre : «les anciens hôtels de la vieille ville sont situés au haut de cette rue jadis habitée par les gentilshommes du pays», précision certes importante, puisqu'elle présente le père Grandet en usurpateur, en parvenu du commerce et profiteur de guerre. Son imprécision est cependant plus significative encore : tout se passe comme si la nomination de la ville, Saumur, était suffisante pour cautionner son existence dans l'esprit du lecteur sans que le romancier en ait à préciser la topographie ni à en juger la beauté. Le nom de la ville, quand il s'agit d'une ville ayant une existence géographique, dispense le narrateur de toute indication purement pittoresque et non fonctionnelle. Dans le cas d'*Eugénie Grandet*, cet effacement de l'espace extérieur tend à concentrer tout l'effort et tout l'effet de description sur l'espace intérieur de la maison, hors de quoi rien de vrai ne se déroule. Mais toutes ces villes n'existent dans *La Comédie humaine* qu'en référence à Paris, comme si leurs représentations illustraient une curieuse loi de gravitation où le centre (Paris) serait le lieu de la dilapidation de l'énergie, et les satellites ceux de sa concentration; dans un incessant échange réciproque, le lieu de dépense des forces est également celui qui dispense du sens, quand ceux d'alentour alimentent, de leurs réserves et de leurs désirs, le foyer. Ainsi, dans les romans de Balzac, une ville mentionnée seule ne vit pas seule : tout s'organise entre Paris et les villes qui l'alimentent, en richesses, en personnages, en récits.

C'est sur le modèle qui fait sous une ville donnée, Nancy ou Saumur, supposer le spectre d'une autre, que s'organise *La Modification* de Michel Butor : Rome joue dans Paris un rôle insidieux, et dans Rome visitée Paris reste présent. L'une est à l'autre une forme de la loi. De l'une à l'autre ville, des passages sont assurés par le biais des désignations identiques de monuments (le Panthéon), par les décors recréés (la Madeleine), par les habitudes communes (l'expresso). La ville où réside Léon Delmont est sans cesse doublée par le souvenir de celle qu'il a quittée, à regret ou avec remords. Si bien que chaque ville joue le rôle de ce qui en l'autre est refoulé. La liberté n'est pas à attendre de Rome, si elle n'est pas conquise à Paris. Mais le rêve que Léon Delmont se fait de Rome doit être lui-même analysé : il y a une présence de Rome en celle de Paris, mais aussi en Rome autre chose que l'idée simple que nous nous en faisons. Le rêve que fait Léon Delmont lui permet une descente dans ses enfers et constitue également une exploration de l'histoire cachée et agissante de la ville. Ce que présente donc *La Modification*, ce n'est pas une vue synchronique de Paris ou de Rome, mais l'histoire de la fable convenue que présentent ces noms, Paris, Rome; et, à travers elle, le roman tend à nous rappeler ce qui nous meut, en tant qu'Occidentaux, anime nos représentations, à notre insu.

Intrications

Il faut donc distinguer, parmi les représentations romanesques des villes, celles qui ont un référent et celles qui tendent à donner l'illusion d'en avoir un ; Besançon et Verrières, Rouen et Yonville, Venise et Balbec n'ont pas le même statut dans le texte, les éléments de leurs descriptions ne sont pas semblables. Peu importent les localisations présumées de Yonville ou de Combray : ce qui seulement compte, c'est le système de relations qui les organise.

Les descriptions des villes données pour inventées comprennent des indications qui, portant sur leur forme, enseignent sur leur origine : l'organisation urbaine peut être centrée autour d'un marché, comme Yonville ; elle peut naître d'un lieu fortifié et être entourée d'un rempart comme Verrières ; elle peut environner un château d'où émane la force, et où tout se consume, comme dans *Les Cent Vingt Journées de Sodome* de Sade. A l'inverse, elle peut croître autour d'un monastère, qui, par transgression, dans les romans noirs, joue un rôle maléfique. Ne demeurerait-il nulle trace d'un sanctuaire primitif, de tombes groupées, qu'on retrouverait trace de l'origine dans le nom même de la ville. Le nom est perçu comme l'emblème de la ville : Verrières est une cité de fer, une «ferrières», par passage de la sonore à la sourde. La cité menaçante de l'acier sera nommée Stahlstaadt dans les *Cinq Cents Millions de la bégum* de Jules Verne. L'opposition entre les villes réelles, dont la croissance s'est faite librement au cours des siècles, et celles qui sont nées d'une décision historiquement datable, comme Richelieu, et sont restées fidèles à un plan préétabli, comme Napoléon-Vendée, devenue La Roche-sur-Yon, se retrouve dans les villes imaginées. Sans que nulle référence soit faite à leur origine historique, des désignations comme «villes-neuves sauvetés» ou «villes-neuves bastides» sont des indications de choix de style.

La ville qui tend à donner l'illusion qu'elle pourrait figurer sur le cadastre doit comprendre en sa description des indications sur son rôle économique (au contraire la ville purement imaginaire résout sans précision les problèmes que pose l'alimentation d'une ville). Les romans utopiques conservent la notion de cité-Etat, qui disparaîtra avec la révolution industrielle : la campagne, autrement agencée et productive, nourrit une ville qui en est la tête pensante. C'est que, en fait, l'image de la ville telle qu'elle apparaît dans la littérature est avant tout un système symbolique. Parlant des *Villes dans l'histoire,* Arnold Toynbee indique que «l'image de la ville est comme l'image du corps, un schème nécessaire à l'*ancrage* dans le monde» De ce fait, sa représentation littéraire peut jouer un rôle identique à celui du portrait : à un monde de mots, au cours de la lecture, se substitue un monde de formes représentées, avec lesquelles le lecteur va entretenir des relations affectives. Elle est le cadre le plus vaste de la fabulation à l'intérieur de quoi se situeront la maison et son produit.

Tout comme dans le roman réaliste jouent les villes géographiques et les villes sans référent, la représentation romanesque de la ville dans l'œuvre se fera fréquemment selon un système d'opposition terme à terme : la ville de la corruption en face de la campagne et de l'honnêteté, chez Rousseau et Restif; la ville de la passion bouleversante confrontée au désert de l'indifférence, pour la *Princesse de Clèves.* Les titres que Verhaeren a choisis pour deux ouvrages symétriques illustrent, d'autre façon, cette opposition : *Les Campagnes hallucinées* (1893) et *Les Villes tentaculaires* (1895). Et pour souligner le lien intentionnel des deux ouvrages, le premier poème des *Campagnes hallucinées* est intitulé «La Ville», car «Tous les chemins vont vers la ville.» Si bien que la ville, tentaculaire, est comme une pieuvre happant la substance des campagnes qu'elle hallucine. Quant au volume consacré à ces «villes tentaculaires» et qui paraît deux ans plus tard, il s'ouvre sur un poème intitulé «La Plaine», qui est le grenier des villes.

D'autres systèmes d'oppositions sont possibles, comme celle de l'affrontement géographique des villes du Nord, dominées par la loi du travail, la contrainte, le principe de réalité («débarcadères», «usines» , «villes dont la fumée cache le ciel») aux villes du Sud où jouent la lascivité, le plaisir, la liberté, le désir («villes aux toits plats», «blanches terrasses», «où, la nuit, les folles femmes viennent rêver»). André Gide consacre ainsi le livre 6 des *Nourritures terrestres* aux villes, et le livre 7 au désert.

Si toute ville géographique devient en partie imaginaire dès qu'elle est saisie à l'intérieur de la littérature (ainsi en va-t-il de Paris chez Balzac, de Londres quand Rimbaud évoque les métropoles), il faut cependant distinguer dans l'ensemble des villes citées les villes totalement imaginaires. On pourrait classer les villes littéraires selon les catégories suivantes :

1. Des villes visant à maintenir l'illusion de réalité, qui peuvent avoir un référent géographique, comme Besançon, Rouen, Venise; ou qui peuvent n'avoir aucun référent, à la façon de Verrières, Yonville, Balbec.

2. Des villes que l'auteur tend à nous faire prendre pour imaginaires en modifiant des villes à référent, comme Balzac et Breton rendent Paris magique; en inventant des villes qui seraient tout à fait étrangères aux nôtres (mais qui en fait en rédiment les défauts).

Dans le roman réaliste d'abord, puis dans le nôtre aujourd'hui, les villes ont acquis une importance considérable. On peut les considérer comme des personnages de romans. De ces villes romanesques, comme Jefferson dans l'œuvre de Faulkner, Bleston dans *L'Emploi du temps* de Michel Butor, des plans peuvent être tracés. Au contraire de Sirancy-la-Louve, où Robert Pinget loge bon nombre de ses personnages; aucune carte ne peut en être dressée, bien que l'auteur la donne pour géographiquement située. D'un roman à l'autre, les directions, le rapport entre les différents monuments se modifient. Non pas que la ville change (du maintien du nom, on infère la permanence du lieu), mais les discours qui, la décrivant, la créent, d'un personnage à l'autre, d'un livre à l'autre, ne sont pas superposables. Elle n'a qu'un statut linguistique, tout comme les personnages, dont les noms sont réitérés d'un roman à l'autre; si bien que toute allusion à Sirancy, loin de contribuer à renforcer une illusion réaliste (par le biais de la redondance de l'information, de l'assurance donnée au lecteur qu'il n'erre pas), désarçonne et tend à faire passer l'œuvre pour onirique (quand elle est musicalement contrôlée). La ville ne constitue pas un objet dans le livre, mais elle est un certain effet d'écriture; ce n'est plus du tout un référent extérieur qui donne forme et solidité aux images, mais une couleur de langue, avec un vocabulaire prévisible et des prédicats surprenants.

L'identification de la ville et du livre, Georges Rodenbach l'esquissait, en de tout autres termes, dans l'avertissement de *Bruges-la-Morte* en 1892. Son intention est d'orienter l'action par la ville, de considérer «ses paysages urbains, non plus seulement comme des toiles de fond, comme des thèmes descriptifs un peu arbitrairement choisis, mais liés à l'événement même du livre». Il est vrai que ce principe n'est pas exactement suivi et qu'un glissement s'opère en une construction analogique : à l'épouse morte devait correspondre une ville morte. Chez Balzac déjà, la ville est loin d'être un décor; elle est un creuset. Mais ce que Rodenbach semble poursuivre par l'écriture d'une fiction, c'est le génie même du lieu, ainsi amené à se dévoiler, à s'exprimer. «Les villes surtout ont ainsi une personnalité, un esprit autonome, un caractère presque extériorisé qui correspond à la joie, à l'amour nouveau, au renoncement, au veuvage.» L'organisation littéraire de la ville, c'est-à-dire l'organisation de sa description, dit le cheminement spirituel de l'être. Ainsi agissent les Goncourt dans *Madame Gervaisais*. Ayant choisi de narrer l'aventure d'une âme, ils peuvent raconter l'histoire de ce qui étant hors de la personne est sans histoire, par le seul biais des modifications que l'évolution religieuse de l'héroïne entraîne dans son corps (une tuberculose) et dans sa vision de la ville. Non seulement son espace se restreint, mais les itinéraires de ses promenades se modifient, les monuments aimés sont délaissés. Les rues trop bruyantes sont remplacées par les lieux austères qui incitent à la réflexion et au souvenir, substituent au discours sur les vanités le *memento mori*. Les descriptions de Rome illustrent ainsi un exercice de dépouillement de soi (par la réduction des couleurs et des beautés convenues) et un mouvement d'élévation spirituelle (par l'acceptation de la présence de la mort dans le plus humble quotidien).

Si la description de la ville peut être l'indice d'une évolution psychologique (*Bruges-la-Morte*), ou métaphysique (*Madame Gervaisais*), elle sert également à la représentation de valeurs dont on considère qu'elles ne purent prendre naissance que dans l'espace urbain. Platon, dans *La République*, fait valoir que la cité doit être l'expression de la justice. On peut entendre que ce n'est pas seulement son statut qui doit tenir compte de la notion de justice, mais ce qui l'énonce, l'urbanisme. L'éloquence est plus particulièrement liée à la civilisation urbaine (et notamment à la cité libre dont elle devrait être l'expression). Etudiant l'histoire de la relation entre *Eloquence et liberté*, Jean Starobinski cite l'opinion de Jean-Jacques Rousseau selon qui il y a des langues favorables à la liberté : «Or je dis que toute langue avec laquelle on ne peut pas se faire entendre au peuple assemblé est une langue servile; il est impossible qu'un peuple demeure libre et qu'il parle cette langue-là» (*Essai sur l'origine des langues*, ch. XX). Non seulement la ville constitue un langage particulier, illustrant par sa structure, ses monuments, ses nominations, une idéologie, mais elle est le lieu d'élaboration d'une langue, qui s'impose hors de ses limites comme une norme parce qu'elle constitue une vision du monde correspondant à celle du système politique et de l'organisation urbaine. «La destinée d'une nation est tracée dans son langage. Tant vaut la parole, tant vaut le peuple», écrit Nodier dans ses *Recherches sur le style* (1830). Ces systèmes linguistiques, politiques, urbanistes sont les reflets les uns des autres. Ainsi nous verrons les langues imaginaires se donner comme plus accomplies que les nôtres, à la fois plus aptes à l'expression des sentiments et à la transparence de la communication, quand les villes imaginées seront celles d'un plus grand bonheur.

La simple représentation, ou citation, d'une ville dans la littérature, met en jeu une série importante d'éléments. Estimant que la rêverie d'un seul est à l'image de la rêverie de tous, j'ai opéré à partir d'un cadre général et certains exemples sont venus *a posteriori*. D'autres restent à trouver. Et ces exemples ont été retenus sans fidélité à la chronologie et sans souci des hiérarchies. Ils sont appelés à témoigner, sans plus, de certaines directions que peut prendre l'imagination. Assemblées, les images des villes deviennent les éléments d'un rêve collectif. Nous sommes constamment témoins, dans notre vie quotidienne, d'une semblable transformation de la ville réelle en ville imaginaire : à l'occasion des fêtes collectives, les décorations (les enterrements d'altesses et de princes sont une occasion aussi faste que les couronnements), les arcs de triomphe et les obélisques (comme ceux que Sixte Quint fit placer aux lieux cruciaux de Rome) superposent à la ville réelle, et profane, une cité de la beauté ou de la foi. La ville connue devient le soutien d'une véritable et interminable inscription. Toutes les décorations sont allégoriques; pour les plus élaborées, un livret est nécessaire qui dit le sens des emblèmes. Ces signes dispersés peuvent n'être pas réductibles à un sens linéaire et devenir eux-mêmes le sujet d'une véritable analyse. Le discours tenu par les arcs de triomphe, au retour du roi, s'associe à une série de publications littéraires. Son sens est de propagande politique; mais son imagerie et ses arrêts essentiels (pour le *Te Deum*) ont pour objet de consolider l'ordre imaginaire de la hiérarchie et de la naturelle dépendance des hommes aux princes, des princes aux rois, du roi à Dieu, des langues de métier aux langues nobles. A la façon d'une cérémonie, la promenade amoureuse transforme la ville en décor rêvé; car la promenade amoureuse n'est rien d'autre que l'attention poétique aux signes inaperçus dans la solitude hâtive. Paris, pour André Breton, est une ville particulière inscrite dans la capitale; des Halles à la tour Saint-Jacques s'écrivent les strophes de «La nuit du tournesol», que commente et que réalise *L'Amour fou*. Un itinéraire transforme l'anarchie d'une ville en un chemin, fait d'une errance un pèlerinage. Et repassant par le même chemin, j'inscris chaque fois en lui le souvenir des souvenirs, comme Restif faisant le tour de l'île Saint-Louis et gravant sur les parapets les dates de ses passages et l'état de son esprit, jusqu'à ce que, les lettres sur la pierre s'effaçant, il dût les transcrire en un livre, pour conserver ses *Inscriptions*.

Il suffit également qu'une ville ait changé de destination pour que le voyageur s'y sente totalement désorienté. Brouage s'est trouvée halée dans la terre, prise dans les labours. Les herbes ont reconquis les constructions militaires. Dès lors tout se passe comme si le temps n'était plus en elle de la même nature qu'à l'extérieur, comme les lignes de force se resserrent entre les branches de l'aimant. A Brouage, l'ombre de Marie Mancini circule comme, à Pompeï, celle de *Gradiva*. Et quelle que soit la lumière, la ville est devenue «irréelle», c'est-à-dire qu'elle ne répond plus pour nous à une nécessité économique ou pratique, mais qu'elle a acquis l'étrange vertu de n'être plus, apparemment, du domaine du périssable. Dans la nuit des villes silencieuses, cela se connaît bien : on n'a plus au bord des rues que des maisons où dorment et mangent des fantômes. Mais, dans les chambres, demeurent des veilleuses. Artificielle, la lumière devient celle d'un soleil, qu'on pourrait regarder fixement. Si dans l'isolement ou dans la nuit la ville est dite morte, c'est qu'il semble au regard qu'elle a traversé la mort. Dans *L'Artiste* du 15 septembre 1844, Gérard de Nerval rend hommage au «diorama» de Bouton consacré à la submersion de la ville d'Enoch par le Déluge. Tout en elle est primitif, cyclopéen, grandiose : «Des palais massifs se prolongent à droite, à gauche se courbent les arches d'un pont déjà ruiné. C'est une idée poétique que d'avoir indiqué les ruines d'un monde naissant.» Cette remarque ne relève pas seulement d'une poétique des ruines, qui, avec la poésie finissante du XVIIIe siècle consacrée à la nuit et aux tombeaux, avec Volney (*Les Ruines* ou *Méditations sur les révolutions des empires*, 1791) et Chateaubriand (*Essai sur les révolutions*, 1797), traduit l'idée que les civilisations sont mortelles; elle relève également de l'appréhension, dans l'existence présente, de la décrépitude future inscrite en elle. Au XIXe siècle, Londres joue le rôle que tiendra au XXe New York : elle annonce les mégapoles de l'avenir; mais quand Gustave Doré illustre les pages de Louis Enault, sur *Londres* (1876), la légende portée est la suivante : «Des voyageurs iront s'asseoir sur les ruines au bord de la Tamise», comme si la transfiguration du lieu nécessitait qu'on le considérât déjà englouti, alors qu'est présenté en lui l'avenir de nos villes.

Des villes sur quoi porte un interdit religieux, Tombouctou, Medine ou La Mecque, du fait qu'y pénétrer est transgresser une loi, tout comme franchir le sillon qui clôt Rome est fatal à Remus, ou pénétrer dans le sérail l'est à Bajazet, peuvent ainsi nous apparaître comme des lieux où la vie prend un autre éclat, du fait que la menace de mort s'y fait permanente, qu'elle est inoubliable. Un contexte modifie le statut littéraire d'une ville : dans un ouvrage de géographie toute nomination de ville est tenue pour faisant référence à une organisation architecturale, politique et économique, alors qu'une ville «réelle» citée dans un ouvrage de fiction devient imaginaire. Elle doit ce statut au fait d'être immergée dans la littérature, d'être un nom plus ou moins obscur en rapport avec des noms mythiques, d'appartenir à un réseau de signes où elle joue le rôle de plaque tournante et de rappel mémoriel, où elle ne prend valeur que par son insertion dans un réseau d'oppositions (politique, quand Besançon se modèle sur Paris; mythique quand Bruges acquiert le prestige d'une *janua orci*, d'une porte des enfers; religieux, quand Port-Vendres célèbre Vénus). Nous ne rêverons pas semblablement à une ville romanesque suivant que son nom nous sera connu ou nous paraîtra mystérieux; mais quel qu'il soit, le contexte proche (celui du roman) et l'environnement lointain (celui de toute la littérature présente en quelque fragment d'elle-même que ce soit), ce qu'il évoquera en nous, ou ce qui demeurera inquiétant en lui, le rendront irréductible à toute réalité référentielle.

Invention

Inversion 1

Par le biais de la citation de Baudelaire qu' évoque Julien Gracq, quand, dans *Un beau ténébreux*, il dit d'Hoyerswerda, «la Ville mystérieuse», «la Ville interdite», qu'elle appelle «vraiment les désirs en caravane», un glissement s'effectue des villes réelles aux villes imaginaires, si bien qu'il faut aussi se demander comment, à l'inverse de Stendhal qui veut nous faire croire à la réalité de Verrières, ou de Flaubert à celle d'Yonville, ou de Butor à celle de Bleston, comment opère l'écrivain pour, tout au contraire, donner au lecteur le sentiment d'être dans un monde urbain différent de celui qu'il connaît quotidiennement.

Il suffit, apparemment, de quelques allusions à des villes enfouies dans les cendres de la mémoire, la Babylone des jardins, la ville où Soliman accueille la Reine de Saba, la Jérusalem au temple détruit, pour que l'évocation d'une ville entraîne l'imagination du lecteur dans les marges reculées de son histoire. Peut-on concevoir des habitudes descriptives qui permettent à une ville littéraire d'apparaître au lecteur comme une ville de rêve ?

Il y aurait tout d'abord à parler d'une loi d'inversion. L'inhabituel, si ce n'est l'incongru, est tenu pour l'élément premier d'une contre-création. Pour le lecteur, il ne saurait être isolé d'un ensemble, que la lecture doit découvrir, au sein de quoi il prendra sens, si bien que la surprise se révélera être le signe d'une réalité cachée. Ces inversions surprenantes pourront avoir trait aux matériaux utilisés pour la construction (non plus la pierre de taille mais la pierre précieuse, l'or fin à la place du plomb, comme Marco Polo l'a vu utilisé en Orient). Les villes imaginaires acquièrent ainsi un peu de la lumière et du prestige de la ville qui apparaît à Jean dans l'*Apocalypse*, la Jérusalem céleste «qui descendait du ciel devers Dieu, et avait la gloire de Dieu. Et sa lumière était semblable à une pierre très précieuse, comme serait un jaspe tirant sur le cristal : et avait un mur grand et haut, et douze portes, et sur les portes douze anges, et des noms écrits, c'est à savoir des douze lignées des enfants d'Israël. Devers le levant trois portes; devers le septentrion trois; devers le midi trois; et devers le couchant trois. Et le mur de la ville avait douze fondements et ès fondements les noms des douze apôtres de l'agneau. Et celui qui parlait à moi, avait un roseau d'or, pour mesurer la ville, et ses portes et murailles, et était la ville assise en carré, aussi longue que large» (21, 11-16) selon la traduction de Chateillon (1555).

Pour rendre exceptionnelle la vision de la ville survolée dans la neuvième vision de *La Chute d'un ange*, Lamartine multiplie les signes de la démesure ; l'architecture n'est point donnée pour stable, figée, achevée : on eût dit

> Une forêt de pierre où les granits, les marbres,
> Auraient germé d'eux-même et végétaient en arbres.

Les rythmes du végétal envahissent le minéral, à quoi est accordé le pouvoir de s'accroître et de se diversifier. La confusion volontaire des règnes (ou l'espoir d'en donner l'illusion) est un des moyens de la description baroque : des champs de vocabulaire distincts s'interpénètrent, et les prédicats d'un règne sont rapportés à la nomenclature d'un autre. Si la pierre doit être, littérairement, taillée en blocs, colonnes, entablements, frontons, c'est qu'à sa rigidité s'associent les qualités du net, du tranché, du perpendiculaire. Le carré et le cercle peuvent être tenus pour des formes naturelles du géométrique, ce que ne sont ni les palmes, ni les rhizomes, ni les excroissances du banian. La ville babélique prolifère dans l'anarchie la plus dispendieuse : sa description sera cumulative.

Les villes, dans notre expérience de la géographie, sont fixes sur le sol. Il suffit de les rendre mobiles pour que, n'appartenant plus aux catégories littéraires que gère l'illusion réaliste, elles semblent relever de l'imaginaire. Le narrateur du *Voyage de Charlemagne à Jérusalem et à Constantinople* (selon une copie du XIIIe siècle) émerveille ses lecteurs par la description des richesses architecturales et décoratives du château d'Hugues le Fort, les intrigue par l'évocation d'automates, mais les ravit en faisant tourner le palais au gré des vents, «comme la roue d'un char sur une pente» (laisse XIX). Bien plus tard, dans *L'Autre Monde ou les Etats et Empires de la lune* (1650), Cyrano de Bergerac crée deux catégories de villes, les sédentaires (elles ne nous surprennent que par leur nomination) et les mobiles : «L'architecte construit chaque palais, ainsi que vous voyez, d'un bois fort léger, y pratique dessous quatre roues; dans l'épaisseur de l'un des murs, il place des soufflets gros et nombreux, et dont les tuyaux passent d'une ligne horizontale, à travers le dernier étage, de l'un à l'autre pignon. De cette sorte, quand on veut traîner les villes autre part (car on les change d'air à toutes les saisons), chacun déplie sur l'un des côtés de son logis quantité de larges voiles au-devant des soufflets; puis, ayant bandé un ressort pour les faire jouer, leurs maisons en moins de huit jours, avec les bouffées continues que vomissent ces monstres à vent et qui s'engouffrent dans la toile, sont emportées si l'on veut à plus de cent lieues.»

Cette mobilité horizontale, semblable à celle des îles antiques, comme Ortygie avant qu'Apollon ne l'ancre au centre du monde grec, changeant l'île aux Cailles en île Brillante, peut se transformer en une mobilité verticale. Les villes mobiles se déplacent également de haut en bas, allant du plus proche de l'éther au plus profond monde chtonien : «Les logis sont presque semblables à vos tours, hormis qu'ils sont de bois, et qu'ils sont percés au centre d'une grosse et forte vis, qui règne de la cave jusques au toit, pour les pouvoir hausser ou baisser à discrétion. Or la terre est creusée aussi profonde que l'édifice est élevé, et le tout est construit de cette sorte, afin qu'aussitôt que les gelées commencent à morfondre le Ciel, ils descendent leurs maisons en les tournant au fond de cette fosse, et que, par le moyen de certaines grandes peaux dont ils couvrent et cette tour et son creusé circuit, ils se tiennent à l'abri des intempéries de l'air. Mais aussitôt que les douces haleines du printemps viennent à le radoucir, ils remontent au jour par le moyen de leur grosse vis dont j'ai parlé.» La cité aérienne, l'île dérivante ou la cité enfouie déterminent les directions de l'esprit. Cette rêverie de liberté, cet espoir de délivrance de la rigidité spatiale, Jules Verne les rendra plausibles en faisant de la ville qui se déplace un paquebot, et de celle qui monte, un «aéroscaphe». Selon Alfred de Vigny, il suffit que la mer les engloutisse, ou que *Le Déluge* les recouvre, sans les détruire, pour que l'épaisseur marine, les transforme en féerie tremblée :

Un palais englouti montrait l'or de son front ;
Quelques dômes, pareils à de magiques îles,
Restaient pour attester la splendeur de leurs villes.

Si ce qui demeure visible en transparence atteste une splendeur passée, c'est en révélant une permanence au-delà du désastre. La rêverie sur les villes englouties – c'est-à-dire mortes mais toujours présentes, comme prises dans des glaces liquides qui les maintiendraient dans l'éternité de leurs formes périssables – a occupé la poésie symboliste, telle que l'écrivait Maeterlinck ou la peignait Lévy-Dhurmer (*Ma mère, un soir, a cru voir la ville d'Ys*, qui repose au musée de

Brest). La mer fait office de vitre; elle réalise le rêve de protéger les villes d'une vaste coupole de cristal (le *Crystal Palace* de Paxton tenant lieu de modèle) qui l'isolerait du froid et de la chaleur, la protégerait des poussières et des miasmes, écarterait d'elle les variations mortelles. Sous le nom d'Ys, s'entend celui d'une autre ville mythique : «A huit journées de marche de Babylone c'est la Ville d'Is», selon ce qu'indique *L'Enquête* de Hérodote d'Halicarnasse. Et d'Is à Ys, une variante graphique n'empêche pas l'esprit de jouer à condenser et à déplacer les images.

Le rêve, qui reconstruit ces villes ou les invente, est corrélatif à celui de l'Orient : il illustre l'éternelle interrogation de l'homme sur les origines de son espèce. L'ancêtre de l'homme, chez Restif, est un être hybride échappant à son enfermement marin. Nous sommes, selon Raymond Queneau, *Les Enfants du limon* . Notre sol natal, pour Guillevic, est *Terraqué*. Tout cela, Sandor Ferenczi, le théorise dans son ouvrage *Thalassa, psychanalyse des origines de la vie sexuelle* (1924). En ces constructions littéraires, la mer est également le lieu où se conservent les richesses originelles, détruites lors de l'assèchement des terres, et, plus particulièrement, la ressource essentielle, celle qui donne force et jeunesse, installe l'homme au banquet des dieux, lui accordant l'abondance et la fertilité, le fait participer au *Festin d'immortalité* si étonnamment restitué par Georges Dumézil (1924). Le rite anniversaire, qui ramène symboliquement à l'instant initial de l'existence, serait ainsi remplacé par un retour effectif, sous forme d'une apparente régression temporelle, au lieu de bouillonnement de toute force et de toute vie que manifestent et différencient les existences. La ville engloutie est l'image rêvée d'une réserve de jouvence, la mer à travers quoi s'aperçoit la ville est un liquide amniotique où s'opère une perpétuelle gestation.

Englouti, disparu de la pratique et de l'expérience, le lieu d'une société supérieure est devenu l'*Atlantide*, promenant son nom magique de siècle en siècle, continent du désir de l'esprit resurgissant non de l'oubli, mais des brumes, qui, d'époque en époque, la font espérer en la voilant, la découvrent tout en l'éloignant. Doit-on à Platon plus que le nom de ce rêve ? Il en ébauche une description dans le *Timée* et l'élabore minutieusement dans le *Critias*. Née d'un caprice de Poséidon et de son amour pour Clito, elle est une construction plus parfaite que celle d'Athènes. Située dans une île inconnue, inaperçue (comme le sera le *Mont analogue* pour René Daumal), édifiée autour d'une montagne, tout est colossal en elle, les monuments et les statues. Ses constructions sont de métaux rares, de cuivre, d'étain; les lois sont inscrites au centre de la ville sur des colonnes d'orichalque. Le palais royal est ceint d'une clôture d'or. La structure de la ville, formée de cinq anneaux concentriques, où alternent la mer et la terre, entourant le temple central de Poséidon, sera souvent reprise (Campanella, pour des raisons d'analogie symbolique portera à sept le nombre des anneaux cernant *La Cité du Soleil*). L'Atlantide, régie à l'origine par un principe divin, est dirigée par des rois incapables de maintenir la justice. Les dieux engloutiront sous les eaux leur création. Du royaume invincible, il ne restera que le souvenir nostalgique dans la mémoire d'un prêtre égyptien. S'il n'est pas possible aux hommes de conserver un bien divin, comment établiront-ils une cité idéale par des lois ? Si ce n'est en reconstruisant ce qui fut perdu, en revivifiant le mythe par la parole. La ville idéale à venir sera impérissable, le temps ayant achevé sa vie cyclique. Il importe qu'une ville garde la marque d'une origine divine; dès lors, elle devient terre d'asile pour l'être en proie à la mort. Et les anneaux qui l'entourent sont autant de liens où se prend le temps, où il se noue en lacets circulaires, où il se perpétue en gravitations.

François Bacon reprendra la nomination de la ville platonicienne, pour créer une *Nouvelle Atlantide* (1620). Ce n'est plus une île enfouie mais un continent inconnu, où les indications données aux naufragés par les indigènes sont formulées en «hébraïque ancienne, en grec ancien aussi, en latin assez pur et en espagnol». C'est une île habitée par des sages : Salomon en établit la législation. Les préceptes bibliques y sont appliqués. L'évolution des êtres et de l'île est exprimée dans des termes semblables à ceux dont use l'alchimie : elle hâte la maturation des métaux, rend lumineux les corps de toute espèce, «non d'une lumière réfléchie et comme empruntée, mais d'une lumière propre et originelle». La connaissance scientifique y est si avancée que l'homme a reconquis son pouvoir sur les éléments. Il peut, «jusqu'à un certain point», voyager dans les airs. L'île est un lieu de plein jour, de pleine raison progressante : «Le but de notre établissement est la découverte des causes, et la connaissance de la nature intime des forces primordiales et des principes des choses, en vue d'étendre les limites de l'empire de l'homme sur la nature entière, et d'exécuter tout ce qui lui est possible.» Dans le même esprit de progrès, Népomucène Lemercier inventera un lieu d'émerveillement où la fée électricité et ses prodiges deviennent des déités. Le poème sera une *Atlantiade* (1812).

En tant que continent de la conscience rêveuse, l'Atlantide viendra dériver dans les paysages, où cheminent les héros de Jules Verne et ceux de Sir Arthur Conan Doyle dans *The Maracot Deep* (1929). Au cours d'une exploration sous-marine près des Canaries, des plongeurs sur le point de mourir d'épuisement sont sauvés par des êtres qui, surgissant du fond des océans, les abritent dans leur ville sous-marine,une luxueuse et bienheureuse cité. Peu à peu, entre les naufragés et leurs sauveteurs une communication s'établira, le savant Maracot reconnaît parmi les éléments décoratifs une figure de Moloch, «le vieux dieu des races phéniciennes», isole dans la chaîne parlée des phonèmes qui relèvent de la langue grecque : "Thea ! Athena!"» a répété le gardien. Il n'y avait aucun doute. "Thea, Athena". Impossible de se tromper. Déesse, Athena.» C'est qu'il s'agit bien d'éléments de notre antiquité conservés, comme en une niche écologique, en une anfractuosité du temps. Le narrateur, Cyrus Headley (dont le prénom de conquérant, historique et littéraire, rappelle celui du héros de Jules Verne, Cyrus Smith), parcourant la ville, nous la présente en détail. Il découvre la construction de ce qu'il ne connaissait que par le biais des livres et des récits, feint de témoigner d'une réalité référentielle quand il ajoute une page aux pages où se surchargent les images de l'Atlantide et en particulier à celles écrites par Jules Verne dans *Vingt Mille Lieues sous les mers* (1870). Il retrouve des formes de ses vies antérieures : il ne parcourt pas un territoire extérieur à lui, mais découvre le chemin qu'il fit, autre, oublié. L'envahit l'évidence d'une réminiscence : «J'avais déjà participé à cette puissante civilisation antique. Je comprenais maintenant pourquoi plusieurs symboles et hiéroglyphes que j'avais vus autour de moi m'avaient donné une impression de déjà-vu.» Reconnaissant ce qu'il voit, il est appelé à se reconnaître. Remontant le temps vers les grottes premières et marines, il retrouve l'angoisse que suscite le contact avec la Face noire. Ainsi le récit d'exploration se double d'un récit d'initiation qui emprunte sa démarche et ses images aux relations des voyages de l'âme. Les profondeurs marines sont explorées comme l'inconscient dans l'imagerie contemporaine; ce que l'on rencontre, au plus profond, tapi en soi, c'est un monstre, contre quoi il faut combattre. La ville ainsi engloutie est une image révélatrice de nos villes habitées : un espace nous en demeure à la fois inconnu et interdit, où nous devons nous risquer, car il nous appelle. C'est vers lui que tendent nos errances. Mais, insituable, il est seulement fait des signes de nos tentations.

Une ville habitable nous rappelle ostensiblement le pouvoir politique (avec quelques lieux aux noms ridicules ou odieux, sente Thiers ou impasse Cavaignac), mais aussi notre passé linguistique (la rue Aux-Oies transformée en rue Aux-Ours), sensible (la rue Gît-le-Cœur), religieux (la rue de l'Arbre-Sec). Ainsi, par le biais de la terminologie même, nous naviguons d'île en île. L'exploration de Maracot met en lumière l'obligation où nous sommes d'accorder à nos errances dans nos villes une plus grande importance; elles figurent nos formes diverses et les aventures de notre espèce : la multitude qui habite les rues des «Tableaux parisiens», est l'image de ce qui virtuellement nous habite, des souvenirs réels de ce que je fus, des figures en lesquelles je renaîtrai. Et si je suis, quel souvenir suis-je dans quelle mémoire ?

Inversion 2

Ce qui confère, à tout récit où se trouve évoquée l'Atlantide ou une ville engloutie, un caractère illusoirement initiatique, c'est que le voyage qui y conduit implique une catabase, une descente en soi, la traversée d'épaisseurs protectrices, des combats (les monstres marins sont des gardiens du seuil), un retour aux origines du temps et à de fantasmatiques commencements. Au lieu de conduire au cœur des océans, le voyage peut se faire en direction du centre de la terre. Comme on a des villes sous-marines, on pourra en avoir de sous-terraines. Par une anfractuosité de rocher on accède – par quels sombres couloirs ? par quelles rues mystérieuses ? par quels étranglements ? – à des salles et des places. Le roman noir qui oppose ces orientations de l'espace, vers le plus haut du ciel, par la tour d'où s'ordonne le paysage dans une clarté de vérité à l'heure où les ombres sont longues, et vers les caves obscures, où débouchent des souterrains, joue de ces dilapidations et de ces restrictions d'espace, des perspectives lointaines jusqu'aux chambres closes, sensuelles et mortuaires. Les entrailles de la terre sont le ventre des enfers, ayant la forme de ce qui dans l'homme s'enroule, se noue. Aux monstres marins sont substituées les puissances du feu.

Dans une épître liminaire à son ouvrage : *La Vie, les aventures et voyages au Groenland du Révérend Père Cordelier Pierre de Mésange. Avec une relation bien circonstanciée de l'origine, de l'histoire des mœurs, et des habitants du pôle Arctique* (1720), Tyssot de Patot évoque une ville enfouie dont on n'imaginerait jamais, à voir la confusion des éléments extérieurs, qu'elle puisse être intérieurement si artistement ordonnée. Comme une géode, elle est, à l'extérieur, tout chaos de matière brute, et en soi ensemencement de lumière et d'éclats. Il ne s'agit pas d'igloos épars, mais d'une construction, où ne pénètre nul voyageur, mais où est possible une circulation continue et donc, comme en un appartement, protégée. «Chaque particulier a devant sa porte un pilier de six pieds de haut, sur lequel il y a une lampe, qui brûle toute l'année sans interruption.» La lumière est moins ici le signe d'un confort que celui de l'abolition de la nuit. Quand, quelques années plus tard, l'abbé Terrasson fait pénétrer son héros dans un endroit secret pour une révélation, il le mène en une ville souterraine. Il y connaîtra différents lieux, tous superbement éclairés, l'Elysée, certes mais aussi le champ des larmes. Dans cet ouvrage, *Sethos ou vie tirée des monuments, anecdotes de l'Ancienne Egypte, traduite d'un manuscrit grec* (1731), le théâtre se métamorphose en lieu de vérité : «L'optique était partout observée avec tant de précision que les sens étaient fidèles en rapportant faux et les objets n'auraient point paru autrement en eux-mêmes, que leurs Images paraissaient dans la perfection de leur théâtre.» Non seulement la lumière rayonne dans les lieux supposés essentiellement obscurs que sont les demeures souterraines, mais les images, par l'expression de l'art, rendent à la réalité sa vérité. Le théâtre est ici une évocation complaisante de la caverne platonicienne, qui est également une ville enfouie. S'il est possible de contempler par des puits le mouvement des astres, la lumière est alors tout intellectuelle. La notion de ville souterraine ne signale plus l'enlisement, ni la terreur de l'enfouissement, mais, inversant les données traditionnelles, fait du lieu théâtral le révélateur de la substance formelle de la réalité, donne la connaissance intelligible du monde comme vérité du sensible.

Si Jules Verne ne reprend pas à son compte les préoccupations spirituelles qui animent l'abbé Terrasson, il a soin de mettre en place, dans sa description de Coal-City, une série d'indications qui expriment le calme, le repos, la quiétude, quand il écrit les *Indes noires* (1887). La Cité du Charbon construite dans une crypte du sol écossais n'est pas un tombeau mais une caverne maternelle : la forme du dôme est en courbure d'ogive; un lac étendu constitue les abords d'une mer subterranéenne; la chaleur et la lumière sont généreusement dispensées par des disques électriques «suspendus sous l'intrados des voûtes, accrochés aux piliers naturels, tous alimentés par des courants continus que produisaient des machines électro-magnétiques – les uns soleils, les autres étoiles». Le monde souterrain est, pour l'humanité, un lieu de chaleur, entraînant sa maturation comme le feu central opère sur le magma, le cristallisant en pierres précieuses (elles vivent et croissent dans «le ventre des abîmes»); mais ce monde souterrain est rendu viable par la science et construit à l'image du monde céleste, comme les derniers mots, «les uns soleils, les autres étoiles», le signalent, en se donnant en écho ostensible du vers final de Dante dans *La Divine Comédie* : «Il sole e li altre stelle.» La ville est ainsi une sorte d'amplification de l'athanor où les alchimistes faisaient germer, couver et naître de la matière leurs formes spirituelles. Elle est heureuse parce que reconstituant analogiquement, mais en dehors de toutes les variations incontrôlables du temps et de la nature, un lieu où la maturation est possible, elle maintient l'idée et l'espérance que l'humanité présente est le moment transitoire d'une humanité en voie de métamorphose. Une inversion complète de nos modes de vie est rendue nécessaire par la réalisation d'une de nos terreurs, non plus que tombe le ciel, mais que s'éteigne le soleil. Le froid envahissant les espaces, pour retrouver un peu de la chaleur du feu central, la ville est enterrée. Du coup, tout ce qui était en elle extériorité et motif de description, les avenues et les façades, perd de son intérêt. Aux demeures juxtaposées, closes et soucieuses de leur présentation, que constituaient les villes solaires, Gabriel Tarde, dans son ironique *Fragment d'histoire future* (1896), oppose une architecture nouvelle; la ville enfouie est une suite d'intérieurs : les demeures «ne sont qu'un prolongement et une ramification les unes des autres, une suite sans fin, comme les épopées de l'Orient». On songe aux trois cent soixante-cinq appartements communicants dans Paris, qui faisaient rêver Aragon après avoir lu *Vorge contre Quinette* de Jules Romains. Toute nature vivante, l'homme excepté, se trouve exclue de la ville, et tout en elle s'inverse : l'échange se substitue à la relation de production et de consommation ; le superflu l'emporte sur ce qui avait été tenu pour le nécessaire, le plaisir, dans le monde artificiellement reconstruit, a pris toute la place que les sociétés damnées accordaient au travail. La ville troglodyte n'est plus une ville primitive, d'où il faut sortir pour aller à la lumière, mais une construction de l'esprit détourné de la fascination impérative du monde extérieur.

Il s'agit là de différentes formes d'enfouissement heureux : la ville n'est pas enterrée dans le monde du magma et des chaos, elle y est protégée. Elle n'entraîne pas vers les origines douteuses de l'être, ni vers les forges de Vulcain, elle ne participe ni des paysages de l'étouffement, ni du domaine de la pesanteur. A côté de ces villes heureuses, se développent des villes chtoniennes; déployant la face nocturne de nos villes germinantes, elles sont tout au contraire des villes du refoulement. Le voyageur d'H. G. Wells, grâce à *La Machine à explorer le temps*, aboutit à une cité à deux niveaux : l'un surterrestre, occupé par des maîtres dégénérés, les Eloïs, l'autre sous-terrestre, où sont parqués les esclaves producteurs, les Morlocks, mous, livides, blanchâtres, lémures dont on voit «la face blême et sans menton, et leurs grands yeux d'un gris rosâtre sans paupières» (ch. IX). Vivant proscrits dans les ténèbres, ils en sont venus à craindre la lumière : n'ayant plus à distinguer les couleurs et les formes, ils n'ont plus eu d'organes pour voir. Il ne faut pas éliminer la lecture politique, intentionnelle, d'un tel ouvrage : la ville est l'espace d'un combat continu entre des forces antagonistes, et elle illustre, par la variété même de son architecture, l'éternelle lutte des classes. Mais l'illustration donnée au conflit des maîtres et des esclaves, des géants et des producteurs par H. G. Wells, est aussi dépendante de fantasmes collectifs que d'un choix politique. L'opposition de deux villes, l'une dans la lumière, l'autre souterraine, est fréquente dans la poésie ou les légendes. Leur opposition n'est pas essentiellement celle du prolétariat enfermé dans ses mines, et celle de la plus-value urbaine ; dans les antres de la terre se trouvent les dieux et leurs armes. Les forgerons et les alchimistes œuvrent à leur survie dans le secret des mines : plus que de leur richesse, c'est de leur secret qu'il importe de s'emparer. Il faut descendre chez les morts pour connaître le secret de la mort. Le conflit des deux villes est celui de l'éternité d'un destin (celui des dieux) et d'une aventure humaine décidée à mener au plus loin la quête, par le franchissement des interdits.

Car les villes enfouies ont aussi pour caractère d'être des nécropoles. Le palais d'Eblis, où nous mène *Vathek* selon William Beckford (1787), est éclairé de brasiers «dont la flamme s'élevait en pyramide jusqu'au centre de la voûte» ; le pavement des salles «semé de poudre d'or et de safran, exhalait une odeur si subtile» que les voyageurs en restent étourdis. Ce ne sont là que des éléments traditionnels ; mais l'errance, de salle en salle, conduit jusqu'aux rois préadamites et à un monde mythologique cher à Nerval. La mère de Vathek, Carathis, ayant ouvert les cinquante urnes et disposant ainsi des trésors ouvrant les cinquante portes, rend libre le passage «jusqu'aux entrailles de la terre d'où souffle le sanfar, vent glacé de la mort». Ce n'est point encore l'agonie qui est affrontée, mais déjà s'entend son halètement.

La ville peut ainsi devenir une sorte de simulacre : la vie en est absente, les fantômes font semblant de survivre. Les villes et leurs êtres traversent les zones de la mort et demeurent, quand nous les croyons détruits. La résurrection n'est pas à espérer; elle est à éprouver en chaque instant de notre vie. Après Bonnet et Bonald, Nodier a beaucoup songé à la palingénésie qui, si elle constate la continuelle destruction des êtres, des cités, des civilisations, assure l'éternité de leurs renaissances. Si Gautier partage cette pensée, sa conception emprunte, semble-t-il, son modèle moins au songe, comme chez Balzac, pour qui le rêve est le témoignage de la présence réelle des morts, qu'au phénomène d'hallucination simple, qui peut être une situation du déjà-vu, ou une vision due à l'opium. Mais l'essentiel est que, dans les deux cas, la sensation de la durée s'abolisse au profit de celle de la concomitance. Or, c'est là un des caractères mêmes de la description des villes imaginaires : le temps ne les occupe pas. La ville imaginaire est dotée d'une éternité qui n'est pas celle de la gloire lumineuse, mais de la coïncidence intemporelle. Tout y est simultanément présent :

> Il est de par le monde une cité bizarre,
> Où Plutus en gants blancs, drapé dans son manteau,
> Offre une cigarette à son ami Lazare,
> Et l'emmène souper dans un parc de Watteau.

La «ville enchantée» que voit Théodore de Banville dans ses *Odes funambulesques* (1857) est une cité de rêve où se rejoignent, comme sur la scène de notre inconscient, nos souvenirs figurés et nos amis morts.

Si la cité imaginaire doit inverser ce qui est imposé à la cité réelle par les contraintes de la réalité, et ne plus figurer que nos aspirations désespérées, sa figure fondamentale est, bien certainement, celle d'un lieu où les êtres, devenus morts, demeureraient vivants, aperçus des vivants, leurs corps fussent-ils sans poids, les apercevant, leurs regards fussent-ils aveugles. Les villes, privées de la lumière du soleil, nous apparaissent comme les scènes d'un théâtre, qu'elles soient couvertes d'eau ou gisantes dans les cryptes de la terre. Et comme nos songes nous induisent à penser, par faiblesse, que le temps et l'espace sont des catégories de notre pensée classificatrice, mais non de notre expérience affective et sensible, le prestige des villes englouties tient à ce qu'elles nous permettent d'établir nos morts dans un royaume, de penser l'impensable sans avoir à affronter le passage par la décomposition, d'aller et venir de leurs demeures aux nôtres, «Ayant deux fois vainqueur traversé l'Achéron», et de nous accorder l'espoir d'un pareil destin.

Il y a dans la rêverie symboliste de la ville engloutie une constante présence de la mort. Il semble que sa description soit toujours tracée dans les marges de *La Cité en la mer* d'Edgar Poe que traduit Mallarmé : «Voyez ! la Mort s'est élevé un trône, dans une étrange cité gisant seule en l'obscur Ouest.» Cette cité est présente dans les nôtres, que la mort ronge sournoisement. Nous lui avons réservé des enclos, dont nous avons fait un simulacre de nos villes, accordant des noms de morts à ses allées, comme aux rues de nos villes, y construisant des monuments, y installant des bosquets et des parterres. Les architectes, en particulier au XVIIIe siècle, se sont plu à dresser des plans de cimetières qui fussent dignes des villes. Dans un ouvrage de la fin du siècle intitulé *Description du monument sépulcral, et projet de cérémonies funèbres*, l'auteur propose trois emplacements pour sa série de constructions : l'un près de l'Etoile, l'autre au Montparnasse, le dernier sur la Butte-Chaumont. Le premier lieu lui paraît préférable, «à cause de la dénomination de la promenade». Les Champs-Elysées auraient ainsi leur sens de nécropole, et on pourrait espérer que les morts quittent leur position de gisants pour retrouver leurs amis du passé et errer parmi les asphodèles. Le projet fait de la nécropole une véritable ville avec une pyramide (où les corps seront dissous dans une lessive caustique, «dite des savonniers»), avec une galerie ornée de colonnes («en verre provenant d'ossements humains, puisés dans les anciens cimetières abandonnés»), avec, naturellement, des catacombes, auxquelles on accède par quatre perrons doubles. Les directions de l'espace sont marquées par «quatre pavillons correspondant aux quatre points cardinaux, l'un dédié à l'enfance, l'autre à la jeunesse, le troisième à l'âge viril, et le quatrième à la vieillesse». Un tel luxe symbolique fait de la nécropole une image inverse de nos villes. Elle opère la même «mise en abyme» que la reduplication de l'œuvre dans l'œuvre littéraire. Plus encore, la ville des vivants peut être tenue pour une pourriture latente destinée à l'édification de la ville des morts : la conversion des os en verre pourrait permettre la construction d'un monument «plus majestueux que tous ceux que l'Egypte se glorifie de posséder, digne d'être cité dans les fastes de l'histoire des Français, et propre à exciter l'envie et l'émulation de tous les peuples de la terre».

La construction tout entière n'a pas pour seul but l'ostentation. Elle doit être ordonnée en vue d'une éducation. L'utilisation économique des cadavres a pour objet de constituer une sorte de *memento mori* semblable à la momie que les Egyptiens, selon Montaigne, faisaient comparaître à leurs festins. Elle a pour objet de nous assurer dans notre fidélité à nos ancêtres. Le regard a une vertu magique et religieuse. Porté sur la croix ou sur la dame des pensées, il dissout la crainte des monstres. Le regard amoureux est tout-puissant, qui permet de distinguer ce qui, étant sans substance, est simple apparition et manifestation futile, de ce qui, cependant sans corps et sans poids, demeure. Voir ce qui fait voir est prendre force. Aussi le cimetière monumental au sein de la ville n'est pas quelque chose de morbide : sa vue doit permettre d'affronter le passager, le multiple, l'instable. Paul Féval dans *La Ville-vampire* (1875) décrit une cité sans bruit, où les fleurs ne vivent que flétries, où les passants sont transparents comme des images, où tous les palais sont des tombes. Tout y est colossal, assyrien, chinois et hindou. Creusée dans le sol, elle a la forme enfouie et inverse du *Château d'Udolphe*, que le roman de Paul Féval reprend et travaille.

Faire de la ville imaginaire une forme de la ville des morts, c'est aussi s'installer, préventivement, dans l'immortalité, éterniser l'ici-bas en suscitant une image de l'au-delà qui soit le calque sans durée de ce que nous connaissons. La ville imaginaire est ainsi donnée comme ayant passé le seuil des destructions; elle nous revient, d'où nous savons ne pas pouvoir revenir. Et je me demande s'il ne faut pas rattacher à cette inversion nécessaire, du temps et de la connaissance, le trouble qui se dégage du rêve de Baudelaire : «Symptômes de ruines». Les lieux visités sont immenses, et les espaces s'engendrent les uns les autres, dans une grande variété de formes. Tout cela est fissuré comme le monde : «J'habite pour toujours un bâtiment qui va crouler, un bâtiment travaillé par une maladie secrète...» L'acuité de la vision peut certes être attribuée à l'usage, momentané chez Baudelaire, du haschisch qu'il goûta à l'hôtel Pimodan. A cela seraient dus l'angoisse des mondes clos et des cheminements sans fin, les changements d'échelle dans la suite des lieux. Le soulignement par Baudelaire des indications de «fissures», de «lézardes», présentes en cette construction, sont l'annonce d'une proche destruction : une apocalypse est inscrite prémonitoirement dans ce qui est. Toute ville triomphante contient en elle des «symptômes de ruines». Mais cette fin n'est pas de celles qui entraînaient Volney à méditer sur *Les Ruines*. Il ne s'agit plus du cycle des civilisations. Ce n'est point ici le temps qui taraude les œuvres des hommes. Ce dont le rêveur visionnaire doit avertir les gens, les nations («Avertissons à l'oreille les plus intelligents») c'est du caractère éphémère de la création. Ce que peut lui accorder le rêve c'est en un instant la vision générale du temps et du destin du monde. L'univers est appelé à se défaire. N'est-ce pas ce qui de façon plus voilée apparaît dans le texte où Baudelaire s'interroge sur le charme de certaines œuvres de Constantin Guys, opposant deux moments de la perception, restitués globalement par la création ? Celui où la ville est triomphante : «Il admire l'éternelle beauté et l'étonnante harmonie de la vie dans les capitales, harmonie si providentiellement maintenue dans le tumulte de la liberté humaine.» A quoi s'oppose «l'heure bizarre et douteuse où les rideaux du ciel se ferment, où les cités s'allument. Le gaz fait tache sur la pourpre du couchant». Il semblerait que Baudelaire ne goûte pas seulement en l'élégance picturale de Guys son sens de l'artifice, mais qu'il décèle, dans la description complaisante et gracieuse de ce qui est, les signes mêmes de l'irréparable bris que provoque le crépuscule. Il ne saurait tant aimer cette peinture s'il ne trouvait en elle les signes de la morbidité par quoi il caractérise son esthétique. Il perçoit dans la brillance du monde qui court, «les symptômes de ruines».

Résurrection

De la ville d'Ys, on n'entendait plus que le bruit des cloches, à condition d'avoir l'oreille fine. De l'Atlantide, seuls les romanciers donnaient, mais irrégulièrement, des nouvelles. Elle apparaît à Pierre Aronnax, dans le *Nautilus* que conduit le capitaine Nemo, à la façon d'une «Pompéi enfouie sous les eaux», *Vingt Mille Lieues sous les mers* ; elle ressuscite sous le regard. Car on vit, au cours du XVIIIe siècle, peu à peu des villes enterrées, Pompéi, Herculanum, sortir de leurs cendres, surgir lentement comme des revenants. Cependant, la promenade dans les fouilles ou le compte rendu des voyageurs (Stendhal traverse la Campanie en octobre 1811 : «Ce que j'ai vu de plus curieux dans mon voyage, c'est

Pompéi; on se sent transporté dans l'antiquité», note-t-il dans *Rome, Naples et Florence* en 1817; Gautier s'en fait expulser en 1850) ne comptent pas plus que les propos des officiers de l'armée de Murat, que les rapports des premières fouilles commencées en 1860 avec G. Fiorelli, et la localisation de Troie par Schliemann en 1875. Peu importe d'avoir des témoins fiables pour rêver. Partiellement découverte en 1843, Pompéi sera dégagée en 1879, devenant un lieu de méditation sur la ruine des empires, et un décor pour les apparitions aussi troublantes que celle de la *Gradiva* de Jensen. Mais depuis déjà plus longtemps, le souvenir de la ville hante la mémoire. Le président de Brosses évoque son existence nocturne dans ses *Lettres familières écrites d'Italie* en 1739 et 1740. En 1777, l'abbé J. C. Richard de Saint-Non fait relever des plans et peindre des vues. Les planches qui accompagnent son *Voyage pittoresque de Naples et de Sicile* (à partir de 1781) feront rêver : les aquatintes suivent l'évolution des fouilles. Les arbres se mêlent aux colonnes, les talus bordent les voies dallées ; la vie efflorescente et la mort se côtoient ; la cité morte devient présente. Elle connaît les saisons, s'éveille au printemps, grandit dans le soleil. A ce qui se découvre, s'adjoint ce qui dut être, vivant, bruyant, amoureux, espérant, non seulement par extrapolation à partir des fragments de théâtre (où on se rencontrait), des maisons (où on s'aimait), des temples (où on s'interrogeait), mais par le biais d'hypothétiques restaurations où viennent errer, sous forme de lavis, des figures encore blafardes mais déjà sensibles. La villa de Diomède n'est pas seulement un décor, mauve et bleu, pour une peinture pastellisée de Delvaux : des figures, à peine moins colorées et plus vêtues, sortent de l'ombre des péristyles en porteuses d'offrandes. La reconstitution d'un temple d'Isis induit à l'évocation des secrets et des initiations. Ces fouilles se poursuivant, les peintures murales apparaissent, comme en quelque rêve qu'on s'efforce à l'éveil de reconstituer et dont les bribes peu à peu s'organisent en une histoire, et des squelettes enlacés sont dégagés (celui qui la regardait dans son sommeil et celle qui l'admettait dans ses bras). En 1813, F. Mazois commençait la publication de fascicules consacrés aux *Ruines de Pompéi,* qui allait se poursuivre jusqu'en 1838. Le pouvoir évocatoire de ces relevés, attentifs et mystérieux, se retrouvera ensuite dans les articles et les illustrations du *Magasin pittoresque*.

Une volonté de restitution imaginaire, à partir de *The Last Days of Pompei* de Bulwer-Lytton, dont la traduction d'Amédée Pichot paraît l'année même de l'édition originale (1834), est commune à tous les écrivains de la nostalgie. Les vues de Pompéi, représentées et inventées par les peintres qui vivent à Rome, sont exposées à Paris. David est à Naples en 1783 et 1784; il rencontre Hamilton et Casanova; il connaît Vivant Denon. Il est difficile de relire *Point de lendemain*, sans situer cet étrange récit dans la lumière de l'éveil de Pompéi ou de l'Egypte retrouvée. Ce goût pour la reconstitution des villes antiques s'associe au goût ancien pour les ruines qui, au XVIIIe siècle dans les peintures d'Hubert Robert et dans le *Salon de 1767* de Diderot, aboutit à la création d'un genre. C'est une modification de la figure de la *vanitas* : «Tout s'anéantit, tout périt, tout passe. Il n'y a que le monde qui reste : il n'y a que le temps qui dure…» écrit Diderot, après le tremblement de terre de Lisbonne (1755). Et celui de Messine, en 1783, rendra plus présente encore la mélancolie qui se dégageait du recueil *Le Antichità romane* de Piranèse (1756). Car par une loi de compensation, si des continents engloutis remontent des profondeurs («Un jour peut-être, quelque phénomène éruptif les ramènera à la surface des flots, ces ruines englouties», songe Aronnax –II, 9 – en contemplant les ruines de l'Atlantide), ce ne peut être qu'au prix de notre disparition.

Pour Madame de Staël, ou pour Chateaubriand, le passage à Pompéi est l'occasion de méditer sur la chute des empires et les révolutions. «Ainsi, ruines sur ruines, tombeaux sur tombeaux ! » s'exclame-t-on dans *Corinne* (1807, L. XI, ch. 4). Mais, en l'ensevelissant, les laves du volcan ont préservé la ville de la lente dégradation du temps ; elles l'ont saisie en pleine vie. Les étroites relations de la promesse et de son fracas, de l'engagement et de la rupture, de la grâce et de la destruction, qui sont les figures mêmes du scandale le plus vif causé par la terreur, sont transposées en une description mythique du paysage napolitain : «Le fleuve descend vers la mer, et ses vagues de flamme semblables aux vagues de l'onde expriment, comme elles, la succession rapide et continuelle d'un infatigable mouvement» (L. XI, ch. 2). Placé sous l'emprise du feu, tout le lieu est infernal ; Lord Melvil et Corinne, en se déplaçant dans les scories, sentiront se calciner leur amour. Ils deviennent déjà les fantômes de leur propre vie. L'eau et le feu, aussi le ciel et l'enfer se composent en cette ville, comme si elle était au centre d'un réseau fondamental de correspondances.

La ville de Pompéi, pour Chateaubriand, qui la visite au cours de son *Voyage en Italie*, est le lieu symbolique de la fugacité tragique du sensible. Plus que la vue des prisonniers, enchaînés dans la mort à leurs gardiens, ce qui avait ému Creuzé de Lesser dans son *Voyage en Italie et en Sicile* fait en 1801 et 1802 (1806), le spectacle de la minéralisation de ce qu'il y a de plus vibrant et de plus fragile dans le corps bouleverse Chateaubriand qui évoque cette image pour rendre présente la méditation ancienne de Job (III, 18) : «C'est là que fut étouffée la jeune femme dont le sein s'est imprimé dans le morceau de terre que j'ai vu à Portici : la mort, comme un statuaire, a moulé sa victime.» Une œuvre d'art, qui a consommé son modèle, peut devenir elle-même la proie de la mort: défaits de leurs cendres les monuments périront à l'air. A rien ne leur sert d'enclore en eux la mort comme une offrande propitiatoire. Ramenée au jour, la ville engloutie est ramenée à la mort, comme les fantômes de la nuit que l'aurore dissout avec les brumes.

Pour Nerval et Gautier, la ville spectre est ville de revenants. Dans la lettre que le narrateur d'*Octavie* (1842) adresse à celle dont il se sent douloureusement éloigné, il raconte une rencontre avec une jeune napolitaine semblable à une magicienne : elle garde à son chevet un traité «de la divination et des songes», parle une langue inconnue, «de l'hébreu, du syriaque, je ne sais». Si le narrateur se sent l'obligation de conter cela à celle qui continue de régner en lui, c'est que cette aventure a la vérité du rêve. Et qu'il lui faut par le récit lui donner une forme qui porte un sens. Si bien qu'au matin, guidant une jeune amie anglaise dans les ruines de Pompéi, et arrivant «au petit temple d'Isis, j'eus le bonheur de lui expliquer fidèlement les détails du culte et les cérémonies que j'avais lues dans Apulée. Elle voulut jouer elle-même le personnage de la Déesse, et je me vis chargé du rôle d'Osiris dont j'expliquai les divins mystères». La petite Napolitaine, sœur d'Ann et de Monelle en prostitution, connue la nuit précédente, a pris le visage d'une prêtresse d'Isis et, par la reviviscence d'un amour ancien, porté l'interdit sur un amour nouveau. Le narrateur s'écartera d'Octavie, dont il fera l'épouse d'un paralysé. La ville fantôme et l'enfer intérieur ont les mêmes formes; parce que le narrateur s'est confronté, la nuit, à l'image de la déesse-mère, il sait au matin s'orienter dans les labyrinthes de la ville enfouie. Dans *Isis* (1845), Nerval évoquera de nouveau le même endroit de Pompéi : «J'étais entré par la rue des Tombeaux; il était clair qu'en suivant cette voie pavée de lave, où se dessine encore l'ornière profonde des roues antiques je retrouverais le temple de la déesse égyptienne, situé à l'extrémité de la ville, auprès du théâtre tragique.» Ce passage, que Nerval ne démarque pas, comme le reste, de l'article de Carl-A Böttiger, *Die Isis Vesper,* met en relation la mort et le cheminement vers la divinité, la dissolution et la résurrection. La ville est à l'image même des deux parties d'*Octavie* : la lettre centrale relatant l'aventure nocturne, humble et fantastique, le récit qui l'enserre narrant un cheminement de plein jour; la ville étant le reflet monumental du monde intérieur, se défaisant, se reconstruisant. On se met en quête d'Isis pour devenir Osiris, dieu-homme qui souffrit, mourut, fut enseveli et ressuscita, souverain de l'Autre Monde, pour demander compte à Dieu d'une singulière existence.

La vie dans la Pompéi antique n'a que des couleurs brillantes. Tout est frais; les êtres sont tous jeunes, dans les évocations peintes ou rêvées. L'espace a partout la même clarté et la même transparence. Sous le pseudonyme de C. de Chatouville, qui lui est familier, G. de Nerval raconte, dans *Le Musée des familles* (mai 1849) qu'«il y avait une fois une ville...». Ce conte de fées ne conduit pas du doute au bonheur, mais, au contraire, d'une évocation paradisiaque à la mort. «On s'asseyait sur des bancs de marbre, à l'ombre des auvents tendus de belles étoffes, devant les tables couvertes de vins, de fruits et de fleurs. Chaque logis était un petit palais et chaque palais ressemblait à un temple de nos jours.» Comme dans les villes du songe, ni la misère, ni la souffrance, ni les violences, ni les injustices ne perturbent cette harmonie. «Après le festin, une pluie d'eau de senteur s'épanchait dans la salle par des tuyaux invisibles.» Là, tout n'est que «luxe, calme et volupté» pour des corps qui se sentent déjà glorieux. Mais, comme un jour on est soudainement exclu de l'enfance, le temps manifeste brutalement sa force oubliée : «Un jour que les habitants de cette ville de délices se livraient ainsi à l'oubli de la mort, une immense clameur vint les arracher à leur ivresse». Les uns sont brûlés; de leurs corps il ne demeure que spodites et scories («les chefs-d'œuvre humains sont la cendre des vents», dit Lamartine dans la XVe vision de *La Chute d'un ange*); les autres sont absorbés par la lave informe; les plus éloignés fuient au hasard : «Les seuls guides de ce peuple égaré furent quelques pauvres aveugles, habitués à trouver sans lumière les détours de la ville et de la campagne.» Ces êtres «aveugles», à la façon des mages, savent aller vers le lieu où se conjuguent Isis et Osiris; ayant acquis le sens du labyrinthe intérieur, ils connaissant dès lors les détours de la ville. Tout se passe comme si, pour Nerval, la ville, enfouie puis retrouvée, était l'image du trouble en soi, subi et transformé. Son cheminement pour rejoindre Isis, la divinité elle-même négligée de l'Occident et résurgente chez le poète, la façon dont il le construit par un récit fait de détours et de retours, s'apparente à ce qui constitue une analyse des profondeurs.

Pour Gautier, la ville de Pompéi est le lieu où le rêve et l'éveil se rencontrent. Au musée de Naples, Octavien s'émeut à la vue d'un morceau de mâchefer moulant un sein absent, qui depuis Chateaubriand retient l'attention de tous les passants. Avec ses amis, il visite Pompéi, saisi par la fraîcheur des traces et des sensations il suit «le guide d'un pas de somnambule». Si bien que lorsque le soir, seul, il décide d'aller errer parmi les ruines, c'est naturellement qu'il glisse d'une époque en une autre. La ville est reconstituée; il entre dans le lieu d'une restauration idéale. «La ville se peuplait graduellement comme un de ces tableaux de diorama, d'abord déserts, et qu'un changement d'éclairage anime de personnages invisibles jusque-là.» Au théâtre, il remarquera *Arria Marcella* (1852) qui lui fera signe de le rejoindre. Son corps, en cendres, peut revivre dans l'amour qu'il suscite : «On n'est véritablement morte que quand on n'est plus aimée.» Avec des expressions semblables à celles dont use G. de Nerval pour se conforter dans l'idée de la pérennité des formes aimées, Gautier légitime l'éternité vivante des ombres : «En effet rien ne meurt, tout existe toujours; nulle force ne peut anéantir ce qui fut une fois. Toute action, toute parole, toute forme, toute pensée tombée dans l'océan universel des choses y produit des cercles qui vont s'élargissant jusqu'aux confins de l'éternité. La figuration matérielle ne disparaît que pour les regards vulgaires, et les spectres qui s'en détachent peuplent l'infini.» C'est une croyance assez communément reçue que celle qui associe la survie d'un être à l'attention qu'on accorde à son souvenir (jusqu'à penser que l'être de Dieu est la somme des prières qu'on lui adresse, sous toutes les formes); chez Gautier la connaissance désirante (non point celle qui se satisfait d'un savoir, mais celle qu'émeut la forme d'un sein) s'avère capable d'accorder aux linéaments d'une pensée la pesanteur d'êtres révolus. Le désir modifie le mouvement du temps. Et les ornières encore marquées sur le pavage rappellent qu'il est possible de lutter contre son courant. Ou de penser le temps sous une forme autre que celle d'une fleuve torrentiel.

Demeure cependant un interdit. Le rappel d'un amour fondamental rend le narrateur, dans le récit de Nerval, incapable d'aimer humainement. Isis impose de n'aimer qu'elle. Octavien, de Gautier (dont le nom joue en doublet avec celui d'Octavie cher à Nerval) sent redevenir cendres le corps qu'il caressait lorsque apparaît un vieillard sévère : «il appartenait à la secte, toute récente alors, des disciples du Christ.» Les figures divines sont des figures d'autorité, qui, replongeant les êtres dans une durée orientée par la loi, les empêchent d'aimer dans la liberté d'un temps reconstitué. A Pompéi «on marche comme dans un rêve au milieu du passé» (*Jettatura*, XIII, 1857). La ville est un lieu de jeunesse brisée et conservée, comme dans le souvenir, une jeune morte. Un geste d'amour rend un corps à une image, ressuscite une présence. Maremma, dans Le *Rivage des Syrtes* de Julien Gracq, est figurée comme une ville morte : «Ce n'est pas une ville qui dort, c'est une ville dont le cœur a cessé de battre, une ville saccagée – et si on regarde par la baie, la lagune est comme une croûte de sel, et on croit voir une mer de la lune.» Cette ville «gaste», hantée de morts vivants, c'est à la ressusciter que s'acharne Vanessa : il faut rendre, à ce qu'on croit mort, les couleurs de la vie. Les œuvres de J. Gracq visent à permettre des résurrections.

Pompéi est ainsi, dans la littérature, arrachée au monde désert pour celui de la lumière. Les descriptions, dans les récits, jouent de ce contraste : l'une, qui relève du quotidien, dit un espace de friches; l'autre, qui appartient à la restitution merveilleuse, a les couleurs vives de l'enfance. Ce lieu devient essentiellement celui de la résurrection des morts : nos ancêtres se lèvent avec lui tandis qu'il émerge du sol. Et c'est nous qui avons, par notre attention et notre amour, à le faire revenir, comme un rêve qui, à tout instant, risque de se défaire si notre attention se détourne, si notre vigilance faiblit. Nous avons le désir d'arracher les morts à leur absence, de ressusciter le passé; mais nous savons que nous transgressons un interdit; et ne pouvant donner aux morts les couleurs définitives de la vie, nous risquons de faire de notre vie un simulacre de la mort.

Une destruction semblable à celle de Pompéi menace nos villes. La littérature du XVIIIe et du XIXe siècle est pleine d'anticipations de l'Apocalypse. De nombreux récits, ceux de C.N. Cochin (*Fouilles de Sainte-Geneviève en 2355*), de Joseph Méry (*Les Ruines de Paris l'an de Jésus-Christ 3844*), de Sébastien Mercier (*L'An deux mille quatre cent quarante*, 1770), de Cousin de Grainville qui situe le destin du *Dernier Homme* (1805) entre Palmyre et Paris, nous proposent une image anticipée de notre disparition. Cela est figuré par G. Doré dans une gravure de *London, a Pilgrimage* (1872) où un «Néo-Zélandais», pensif, contemple les ruines de la ville. *Les Visions* (1823) de Lamartine évoquent une terre devenue lande :

Je ne vis plus qu'une forêt profonde,
Qui, d'un fleuve fangeux couvrant les bords obscurs,
Croissait languissamment sur les débris des murs.

Paris, en cette première Vision, est le lieu des ronces et des lierres portés par des débris de ruines. Quand commence l'*Ahasvérus* d'Edgar Quinet, la création tout entière est retournée au néant et ce qui nous est présenté c'est la répétition d'une aventure accomplie. De ces révolutions, cosmiques et métaphysiques, tout autant que politiques, est attendue une nouvelle création que marqueraient *La Fin de Satan*, selon

Hugo, la naissance d'un «nouvel Adam», selon Quinet, l'instauration d'une société juste, selon Saint–Simon.

Cette vision peut aussi prendre la forme d'un espoir, celui qui nous anime en contemplant, à Paris, la criardise de Beaubourg, le trou des Halles, la religieuse de Montmartre, le chaos de la Défense, et l'on songe alors au vœu exprimé par J.-K. Huysmans dans son étude sur «l'architecture cuite» publiée dans *Certains* : après qu'auront été prises les précautions nécessaires à l'égard des personnes, il conviendrait de «brûler la Bourse, la Madeleine, le ministère de la Guerre, l'église Saint-Xavier, l'Opéra et l'Odéon, tout le dessus du panier d'un art infâme ! L'on s'apercevrait peut-être alors que le Feu est l'essentiel artiste de notre temps et que, si pitoyable quand elle est crue, l'architecture du siècle devient imposante, presque superbe, lorsqu'elle est cuite». On ne pourrait, certes, qu'approuver la réalisation d'un tel programme. Mais il faudrait imposer à l'Ordonnateur Coutumier du Grand Feu de rédiger un projet d'utilisation des cendres. D'une façon plus fine, Jacques Réda construit un monument des *Ruines de Paris* et suit, dans un poème consacré à «Une église», dans *Les Châteaux des courants d'air*, la lente érosion des tours de Saint-Sulpice, corrodées par le vent, la pluie, le gel, les pigeons, éraillées, usées, réduites à l'état de sable, délabrées jusqu'à ce que la lumière du couchant frappant la façade, pénétrant en elle par le péristyle, envahissant la nef, l'incendie, la transforme en une construction de lumière, libérée du poids des pierres : «Comme un baume immatériel, la lumière du soir paraît nourrir, régénérer tours et façades, les arme pour un proche passage dans un autre cercle où tout croît et pourtant repose dans la splendeur.»

Des villes, ressuscitées comme Pompéi ou Herculanum, mortes, comme Thérouanne et Maguelonne, La Motte et Bruges, serviront de miroirs à nos aventures intérieures. Elles seront, par les fissures dans le sol du temps, par les lézardes dans leurs façades, par les crevasses dans le mouvement des foules, par les sillages dans le déplacement du vent, le lieu de l'exhalaison des souffles et des effluves putrides, de l'apparition de chairs chancies et guédées. Car ceux des nôtres qui sont morts ne reviennent pas parmi nous comme de purs esprits. Pourquoi la résurrection n'imposerait-elle pas de repasser par les stades inverses de la décomposition ? Ils ont encore sur eux les marques d'une pourriture qui nous gagne. Ils ne sont que l'image anticipée de notre désastre. Car les villes imaginairement ressuscitées, ou considérées dans leur cercueil marin, nous touchent profondément parce qu'elles préfigurent l'effacement des nôtres. L'espoir que croule ce vieux monde, tout marqué par la violence et l'insanité, que la première goutte de pluie se multiplie, se précipite, s'épaississe en déluge sur les garages de la Loi et les hangars du profit, s'accompagne de l'attente d'un «Nouveau Monde amoureux». «Vieille terre, je ne bâtirai pas le palais de mes rêves sur ton sol ingrat», s'écrie Axel dans le drame de Villiers de l'Isle-Adam (IV, II, 5). Si notre illusion prête au temps un sens unique, tout est vécu à la fois dans l'enfouissement et dans la reconstruction, dans l'effacement et dans la résurrection. Les descriptions doubles de la ville enfouie, telle qu'elle émerge et apparaît morte au regard éveillé, telle qu'elle se reconstitue, brillante, par la voie de la confiance, jouent ainsi le rôle des deux versants de notre expérience, qui est celle de la dégradation quotidienne et celle d'une espérance entêtée.

Réversion

Dans la description des villes qui visent à passer pour purement imaginaires (aucune, bien sûr, ne peut l'être sans que la réalité soit niée, ou décomposée en ses fragments, recomposée en un autre ensemble), on peut considérer un autre trait, qui tend à devenir une constante. La ville, qu'évoque Baudelaire dans sa vision anxieuse, illustrerait cette loi : «Je ne peux retrouver l'issue. Je descends puis je remonte.» Cette sensation, à la fois d'enfermement et de répétition du même, les romantiques la trouvaient figurée dans les dessins de Piranèse, comme nous dans ceux, plus intellectuels, de M.C. Escher. L'univers peut être infini, il est sans diversité. Ce qui nous est donné à parcourir en lui n'est qu'un fragment d'un tout en expansion, sans variante essentielle entre ses parties et cependant sans logique générale, sans spécificité, et cependant toujours imparfait. Comme en parcourant la surface d'une bande de Moebius, nous ne pouvons éprouver qu'un sentiment d'enfermement, que nous nous imaginions à l'extérieur ou à l'intérieur. Ce qui englobe est aussi englobé; ce qui est dehors est également dedans. La salle est le lieu du spectacle; on nous contemple de la scène. Pour ne pas dire, des coulisses.

Dans le *Voyage en Orient*, G. de Nerval recourt fréquemment à l'image du théâtre pour rendre perceptible au lecteur le caractère irréel, en certaines circonstances, d'une ville réelle : Lausanne se déploie en une «perspective d'opéra», Munich s'orne de «ces décorations impossibles que les théâtres hasardent quelquefois». Que sa vision du monde ait trouvé pour meilleure expression l'univers théâtral, on le sait; ce à quoi par le biais de cette métaphore appliquée à certaines villes, il veut nous rendre sensible, c'est au fait qu'elles se déploient en un espace mental. L'ordre chronologique, impératif dans la réalité, perd là tout pouvoir : les séries temporelles se rencontrent, s'inversent, se superposent, et le hasard exprime une nécessité supérieure, où la conscience individuelle communique avec la conscience universelle. Le vrai devient visible ; il est figuré par des êtres qui, comme des acteurs, sont les supports d'une parole que le poète entend, organise. Disant de la ville qu'elle ressemble à un théâtre, Nerval ne se livre pas à une comparaison, qui aurait pour objet de représenter une organisation de l'espace, mais à une dénaturalisation : la ville s'efface en ce qu'elle signifie. Elle est la métaphore du lieu, en ce qu'elle se fait décor et scène pour des paroles plus durables que ne le sont les voix et les corps.

La disposition scénique de l'espace tient une place considérable dans les constructions urbaines des XVIIe et XVIIIe siècles. A l'inverse, comme si l'un réfléchissait l'autre, la scène théâtrale figure fréquemment une ville. Le décor n'est pas là pour donner l'illusion d'une réalité de l'action, mais pour amener à considérer la ville entière comme un vaste décor, où s'élabore une histoire que nous ne pouvons connaître que par fragments. Le décor urbain le plus prestigieux est sans doute celui du théâtre de Vicenze en Italie. De ces décors italiens, on dispose d'admirables catalogues, comme ceux où sont rassemblés les dessins d'Inigo Jones. Il charme Valery Larbaud, qui, en Angleterre chercha à retrouver et à situer son moulin (*Jaune, Bleu, Blanc*, 1928). Outre les masques, il dessine les décors en perspective qui sont en usage dès le début du XVIIe siècle («Il primo documento sicuro del suo impiego alla corte francese è del 1610, ma non vi è dubbio che fosse già conosciuto da tempo», selon Roy Strong dans son introduction aux *Disegni teatrali di Inigo Jones della collezione del Duca di Devonshire*). Ce sont de grandes places bordées de portiques, convergeant vers l'arrière de la scène, ou laissant voir au fond une vue de Londres, ouvrant sur ce qui, hors du théâtre, est confus, offrant une voie royale au regard.

Le travail de transformation de la ville réelle (encore médiévale, sensible, confuse) en une ville régie par la loi des nombres est opéré essentiellement au cours des XVIIe et XVIIIe siècles par la dynastie des Bibiena. Ferdinando Bibiena, même s'il lui est contesté d'avoir été l'inventeur de cette manière de faire, n'utilisera pas la perspective frontale : la ville est présentée dans des échappées latérales qu'on voit dans les *Disegni teatrali dei Bibiena*. Ce qui frappe dans ces dessins, et particulièrement dans ceux de Giuseppe Bibiena, c'est le luxe du détail répété et le peu de souci de la limite. Dans le décor prévu pour la *Didone abbandonata* de Metastase, les deux tiers de la gravure, vers les cintres, donnent en courbes et contre-courbes borrominiennes l'illusion d'un espace sans fin, en poursuite de lui-même, quand, vers le fond, se profile une ville à quoi un dôme et une tour seigneuriale accordent le caractère italien. Tout dans cet espace scénique pourrait passer pour la multiplication d'un fragment par un jeu de glaces ; les ornements architecturaux essentiellement courbes germent, croissent, se diversifient à la façon des végétaux. Ce trait se retrouve dans la composition littéraire des villes imaginaires, qui paraissent, quels que soient leurs plans, en carrés juxtaposés ou en anneaux concentriques, être l'extension du même et sa répétition. En même temps qu'elle se présente en espace scénique, la ville se fait espace abstrait. L'architecture a pour rôle de rendre présent un lieu vacant, comme la musique fait entendre un silence. Certes les influences architecturales du baroque sont perceptibles en ces représentations, et donc une idéologie, dont Yves Bonnefoy, dans *Rome, 1630* a dit la spécificité. Il est certain que dans une ville close, le sens ne peut être trouvé qu'au lieu où on est : à l'extérieur de la ville imaginaire, il n'y a qu'une «terre gaste»; hors d'elle, nul espoir de révélation. Une ville aux multiples perspectives renvoie sans cesse la fin de l'attente, à un au-delà; elle fait du sens un informulable, comme tout horizon inatteignable. Et peu importe, au théâtre, qu'une partie de la scène soit un espace se raccordant à une toile peinte, puisque l'illusion est donnée d'une unité, et qu'il y a impossibilité de passer outre, malgré le désir de pénétrer : l'espace de la scène est arpenté, et il s'achève sur un leurre, où s'immobilise le rêve du désir. Mais l'illusion demeure qu'ailleurs quelque chose se révélerait qui, ici, en dérive : le sens est désancré. Rien ne peut être tenu comme premier et fondamental, puisque l'univers est en duplication. Il n'y a pas d'origine. Et quand les praticables nous inciteraient à tenir pour tangible l'illusion de la ville imaginaire, la toile du fond, floue et ondoyante, nous porterait à supposer un lieu essentiel au-delà même de l'imaginaire théâtral. Certes le sujet de la représentation modifiera notre rapport à la décoration. Serlio distingue trois types de décor : celui de la campagne pour la satire, une ville quotidienne pour la comédie, une ville imaginaire pour la tragédie. C'est que la comédie transcrit l'ordinaire de notre condition, quand la tragédie en figure les principes. Il faut que, dans le décor, apparaisse l'évocation d'un espace d'une nature toute différente pour que subsiste l'espoir d'un au-delà : la mer dans le décor typique de la tragédie figure une issue pensée, comme l'horizon est une limite sans lieu. Le discours lui-même se dédouble en ce qui est échange envisagé avec les spectateurs, et ce qui est désir et terreur, appel et dérobade, ville quotidienne et ville imaginaire dans le même espace de l'esprit.

Les places dessinées par Mercantorio Chiarini pour *Nerone fatto Cesare* de G. A. Perti, ou de Giacomo Torelli pour la *Venere gelosa* de F. Sacrati, par exemple, sont constituées d'un pavement, semblable à celui que Michel-Ange dessina pour «Il campidoglio» à Rome, limité côté jardin et côté cour par une série de colonnes surmontées de statues (où discourent Mercure et Poséidon, la mort avec sa faux, Daphné aux bras déjà changés en lauriers, Atlas...), les places ainsi décorées paraissent en attente d'un acte symbolique, comme le partage de l'œuf par l'épée, d'une apparition, d'un murmure, celle d'une parole qui se ferait leur chant, ou de ce rien qu'elles rendent visible, de l'absence à quoi elles accordent la force d'une présence, de l'attente qui se fait violente. Tout personnage entrant en cet espace cesse de donner l'illusion d'une personne : il est acteur. Cet espace du théâtre est, en partie, celui des villes habitées, dans la peinture de Paul Delvaux : à leur ressemblance contribuent le quadrillage du sol comme un soulignement des lignes de force, ou l'échiquier d'un jeu mortel, la nudité des belles promeneuses aux bras d'hommes en chapeaux melons, comme autant de principes ou d'emblèmes; la lumière artificielle, pâle dans le plein jour est cependant seule éclairante. Cet espace, spécifique à un certain théâtre tragique, est aussi celui de la ville imaginaire : le décor urbain en est fabulé de façon à transformer l'errance en cheminement, la rumeur en parole, l'être en messager. Ce qui s'y joue n'est pas de l'ordre de la dégradation temporelle mais de la transmutation spirituelle. Le rôle de scansion du récit est tenu dans les romans de Chrétien de Troyes par les apparitions de «châteaux» (ce terme désignant également, on le sait, de petites villes fortifiées). De l'un à l'autre, le récit transite. Ils sont fréquents dans le *Roman du Graal*, mais évoqués de façon très laconique : la ville du Roi Pêcheur n'est pas un lieu de promenade ; seules les richesses stupéfiantes, en d'autres lieux, sont l'objet d'indications superlatives. Leurs noms mêmes peuvent n'être pas donnés (à celui, révélé, d'Orcanie s'associe musicalement l'Orsenna de Julien Gracq); sont mentionnés des lieux fonctionnels, comme la tour, permettant le guet, la salle à manger, où s'opèrent les confrontations que la tragédie situe sur la place publique, la chambre, où se délivrent les confidences énigmatiques des pucelles. Apparaissant dans le récit, le terme de «château» est une sorte d'annonce d'un changement de rythme : à l'errance solitaire va se substituer un devoir d'interprétation des signes. Le héros est au centre d'un réseau textuel (une intervention, féminine, informe et leurre; la tentation met à l'épreuve la vérité du discours que l'on tient sur soi ; la situation ne peut se résoudre que par la déchirure) aussi codé que le sont les règles du tournoi. Une question collective est posée à un être particulier ; et de sa réponse ne dépend pas seulement sa vie ou sa mort, comme dans la rencontre en forêt, mais l'harmonie du monde, ou la déshérence. Le «château» désigne ainsi un espace mental, où ce qui est en nous, social et collectif, prend figure.

De cette sorte de lieu métaphysique (si la ville est tombeau, ce ne peut être que pour *Igitur*) nous avons un autre équivalent littéraire avec Ejur que Raymond Roussel évoque dans les *Impressions d'Afrique*. L'essentiel de la description porte sur la place centrale constituée de façades. Elle est une scène, avec, à la façon du théâtre des mystères, différentes «mansions» construites en vue du déroulement d'une cérémonie. Tout se passe comme si le texte de Raymond Roussel démontait la description d'Yonville par Flaubert et la poussait à l'extrême : tous les éléments indiqués jouent un rôle dans le roman, ils sont tous significatifs d'un thème du récit, ils n'existent que par le texte qui momentanément les montre, et s'abolissent dans la lecture qui se poursuit. La seule réalité de la ville est la littérature qui la produit : à la fin de la cérémonie, qui correspond à la fin du récit, tout est aboli. Mais les éléments urbains qui, ainsi, circonscrivent la place ne sont pas juxtaposés les uns aux autres. Selon un système de duplication propre à Raymond Roussel, l'un est chargé de répéter autrement l'autre, comme se redoublent les récits. Les images de la place, comme les aventures narrées, disent la même chose, chaque fois différente, de façon toujours inconciliable et irréductible à un sens clos. Il y a un secret, et c'est là tout le secret.

D'une autre façon la convertibilité de l'espace indéterminé, à la fois infini et circonscrit, intérieur et extérieur, irréel et réel, pourra être rendue sensible par la représentation d'un espace limité dont le parcours sera donné comme inachevable. *L'Année littéraire 1758* présentait à ses lecteurs un projet d'*Architecture singulière. L'Eléphant triomphal.* Son auteur, M. Ribart, prévoyait d'élever au milieu des Champs-Elysées un gigantesque édifice : «Il est posé sur une terrasse percée de toutes parts par des galeries sur le devant, et au milieu de laquelle se trouve un grand escalier simple, dont les murs sont ornés de bas-relief et de trophées, cet escalier va se raccorder avec un autre à trois rampes, où règne un Ordre

Corinthien dont la voûte est fermée par une treille couverte de feuillages, et chargée de raisins artistement travaillés.» Vu de l'extérieur cela figure un éléphant, qu'on pourrait imaginer plein de poutrelles et de plâtre; mais l'intérieur est loin de donner le sentiment d'un hangar vide ; ce ne sont que pièces pour le confort, les fêtes et les plaisirs, Elles sont distribuées selon une symbolique du corps : dans le poitrail se trouvent les bains, les cuisines, les offices. Entre les épaules «une salle très spacieuse avec trois cabinets, dont celui du milieu, qui est dans la tête et qui fait amphithéâtre, a pour objet un trône superbe et fort élevé». Dans les côtes sont des logements complets ; dans la croupe : une salle à manger qui ressemble «au rendez-vous sauvage d'une forêt». Un ruisseau y circule, qui se partage entre les bains et les cuisines et s'échappe par la trompe. Et cette demeure, où l'on entend des concerts d'oiseaux, «ressemble à ces lieux enchantés que décrit la Fable». Au-dessus de la voûte qui couvre l'escalier, on atteint un salon à l'italienne «par des degrés perdus dans des rochers et dans les arbres qui décorent la salle à manger».

L'auteur de l'article de *L'Année littéraire* se récrie devant un projet qu'il qualifie, pour le déconsidérer, de baroque. Pour le compléter, il propose de façon assez séduisante d'édifier une ville à l'image des espèces animales. Un rhinocéros logerait l'université, les collèges, les académies (on se demande la raison de ce choix animal; l'artiste étant le singe de dieu, une forme simiesque n'eût-elle pas convenu ?). On pourrait étendre le système à la construction de retraites particulières. «Les loups, les boeufs, les porcs, les ânes, les caméléons, les vautours, les dindons, les geais, les pies, les marsouins, les crocodiles, les maquereaux, etc., etc., etc., joueraient un grand rôle dans cette *Architecture animale.*» La demeure étant la carapace de l'être et son portrait, l'humanité serait composée de prédateurs (mais pourquoi pas la belette ?), de victimes rédimées par l'amour (on songe au lapin), d'éboueurs complaisants, de félins indépendants. On eût aimé que le monde des oiseaux, au moins en hommage à leur langue, ait été représenté.

Cette fantaisie, tenue pour baroque par les esprits rigoristes, s'inscrit dans la rêverie sur le retournement complexe des formes. Pour exprimer l'idée d'un intérieur habitable (ce ne peut être là que la figuration de notre désir de pouvoir changer d'échelle, et circuler dans notre corps comme en une demeure pleine de canaux et de salles voûtées), l'éléphant semble avoir été la figure animale privilégiée. Celui du Bernin, Piazza della Minerva, est de proportion modeste; il figure dans les dessins d'Inigo Jones parce que, peut-être, il a à ses yeux les qualités morales que Cesare Ripa lui prête dans son *Iconologie*, lorsqu'il le montre capable de remettre dans la voie droite celui qui s'était égaré dans sa propre vie; ou simplement parce qu'avec la sirène, l'unicorne, le griffon, il est un des animaux dont on ne sait s'ils sont du domaine de la réalité ou de la fiction, glissant de l'un à l'autre au gré des récits de voyage et des siècles. Si bien que, bien plus tard, c'est lui encore que l'on trouvera, mais sous la forme géante et modeste d'une maquette de bois bâtie vers 1810 sur la place de la Bastille. Seuls quelques dessins en témoigneraient encore, si Victor Hugo n'en avait fait dans *Les Misérables* le refuge de Gavroche et de ses protégés : «C'était un éléphant de quarante pieds de haut, construit en charpente et en maçonnerie, portant sur son dos sa tour qui ressemblait à une maison, jadis peint en vert par un badigeonneur quelconque, maintenant peint en noir par le ciel, la pluie et le temps» (IV, 6, 2). L'éléphant n'est plus seulement une incongruité monumentale. Il dispense dans le livre une puissance de nuit qui vient du fond des mondes carthaginois. «C'était sombre, énigmatique et immense. C'était on ne sait quel fantôme puissant, visible et debout à côté du spectre invisible de la Bastille.» L'immense est conduit à se loger dans le plus petit, et le plus grand n'est qu'une parcelle d'une immensité. Ce vertige, Pascal vise à le communiquer au lecteur en l'incitant à méditer l'infini petitesse du ciron, qui est un monde complexe, un «abîme nouveau», et, à l'autre extrémité de notre capacité imaginaire, l'étendue sans fin des espaces, où ne brillent pas seulement les autres étoiles, mais d'autres soleils fixes. Et ceci afin qu'«il apprenne à estimer la terre, les royaumes, les villes et soi-même son juste prix» (Pensée 72). C'est au même type de méditation que Jules Michelet convie le lecteur de *L'Insecte* (1857). Une fourmillière ayant été détruite, une ville apparaît : «Les murs de la cité volèrent, puis l'intérieur de l'édifice, des galeries, des salles innombrables se découvrirent.» Et se dessertit une immensité, une «vaste et superbe ville» : «Thèbes et Ninive furent peu de chose. Babylone et Babel peuvent seules, dans leurs exhaussements audacieux, soutenir quelque comparaison avec ces Babels ténébreuses qui vont grandissant dans l'abîme.» Cela qu'élaborent les infusoires, ce sont des villes ; et les nuages, les merveilleux nuages dessinent des palais qui ont les astres pour portes sur le toit.

La relation établie entre le théâtre et la ville imaginaire repose sans doute sur notre nostalgie d'un monde non aristotélicien, où ne fonctionnerait plus la loi du tiers exclu. Les monuments et les êtres pourraient être ce qu'ils sont et leurs propres contraires. Le théâtre rend incertaines les données de l'espace et du temps : ce qui est proche ne peut être touché, et le lointain absolu est le lieu où nous nous tenons. Les villes imaginaires sont des lieux de représentation (et non d'action): comme Ejur, elles sont animées par les règles du théâtre. «L'idée attirante d'un habitat régi par les lois du spectacle, avec toutes ses loges en vis-à-vis, s'accorde à une disposition aussi riante où l'homme à chaque instant est aux autres – plus encore qu'un associé et un voisin – un spectacle.» Julien Gracq, dans *Lettrines 2,* dégage d'une tendance quotidienne à faire de la rue des lieux de scènes, de la demeure d'autrui ceux de tableaux vivants (pour peu qu'une fenêtre éclairée la nuit permette de cadrer le spectacle), un trait important de la ville imaginaire, où chacun est soi et autrui, acteur et voyant, signe et interprète. Dans le théâtre à l'italienne, la salle est le spectacle de la salle; dans la fête, les acteurs et les spectateurs sont un même peuple. Ce que retient J. Gracq de la comparaison avec le théâtre, c'est le rôle quasi magnétique du regard. Ce qu'il explicite peu après : «Dans le village - étoile - de - rues, l'électricité sociale, au lieu de s'amasser donne l'impression de fuir par toutes les routes qui le prolongent : ici s'impose au contraire l'image d'une lentille circulaire qui concentre la vie dans un seul foyer.» La fabulation de Julien Gracq est l'illustration de son attention aux lieux de concentration du sens : italiques multipliant les acceptions d'un terme, scène finale vers quoi convergent toutes les postulations sensibles du livre. Ce point de convergence, comme celui où, selon l'électro-magnétisme, se condensent les lignes de force, est un lieu d'intensité. Sur un mode qu'il faut tenir pour parodique, Paul Adam, dans ses *Lettres de Malaisie* (1898) énonce, avec une rapidité qui lui est propre, un point de vue semblable. Des disciples de Fourier, de Saint-Simon, de Proudhon et de Cabet (les différences d'école et les querelles de personne s'étant estompées) se retrouvent en Malaisie où ils ont fondé un Etat, instaurant un système nouveau de fêtes (celles de la Locomotion, de la Reproduction, de la Nutrition), créant des villes, de Vénus, de Minerve, de Jupiter, selon leurs spécificités (il y a également une ville de la Mort que l'on n'atteint que par un long passage obscur et où se trouvent les abattoirs, les chambres d'incinération, les cabarets, les soldats et les ivrognes). Une rue, dans cette ville nouvelle, est réservée à la méditation : de part et d'autre d'une avenue, se font face dans leurs cages des chats jaguars affamés et des proies vivantes, des hommes fous de désirs, et des femmes à qui la chasteté a été longuement imposée. Qui a un difficile problème mental à résoudre s'assied au milieu de la rue ; les ondes du désir le traverseront, l'animeront car «cette étroite avenue angulaire contient une quantité de force psychique, de fluide humain qui s'accumule invisiblement». Peu à peu ces courants activent les circuits mentaux, désensablent la mémoire, créent un tremblement d'imagination.

Ornement

Le dernier trait caractéristique des descriptions de villes imaginaires concernerait l'ornement. Il y a pléthore de détails, dans la redondance informative ou symbolique, dans la multiplicité des qualifications et des prédicats. Les villes quotidiennes, en leur architecture, obéissent aux lois de l'économie. La dépense parcimonieuse est localisée en des points définis : arbres sans fruits le long des avenues, statues si elles ne gênent pas la circulation, fers forgés en série sur les balcons, ciments armés de couleurs grisâtres.

La ville imaginaire, au contraire, emprunte volontiers ses formes au baroque.

J'ai dit : sinusoïde
En évoquant la ville
Je dirais aussi bien
Peut-être mieux : spirale.

Avec sécheresse, Guillevic évoque, dans *Ville* (1961), le luxe dispendieux d'une forme vrillée. La construction de Borromini à Saint-Yves de la Sagesse serait une image, modeste, de cette construction. Ainsi apparaît la tour de Babel aux voyageurs que Lamartine fait tournoyer dans la huitième vision de *La Chute d'un ange*. Ou les édifices des Zoomorphes aux *Navigateurs de l'infini* (1925) guidés par Rosny aîné : «Le *Stellarium* silla plus vite : nous vîmes apparaître une ville – comment la nommer autrement ? – amas ensemble chaotique et ordonné de tours hélicoïdes, de maisons en spirales, de pyramides sinueuses, de flèches qui eussent été gothiques sans leur contournement et de ruines quasi cyclopéennes» (II, 5). Les prédicats viennent ici contredire l'idée reçue que présente la nomenclature : toute maison est pour nous de forme cubique, la pyramide est une forme géométrique; en introduisant pour l'une et l'autre la notion de courbe, c'est notre représentation de l'espace qui se trouve contestée : notre monde habitable est l'expression de notre position corporelle et de nos limites oculaires. Des yeux à facettes nous auraient fait imaginer de tout autres divinités. Si le cube, opposé au ciel de la coupole, symbolise pour nous la terre, c'est qu'il figure probablement notre rêve archaïque de stabilité. Sous forme pesante, équilibrée, identique sous toutes ses faces, sa représentation compense le trouble de savoir la terre ronde et mouvante. Il figure ce qui, en tout être, souhaite demeurer en son être. Tout au contraire, la spirale est l'image d'une vie qui aspirerait sans cesse à se poursuivre au-delà d'elle-même. «Pour les coquilles, squelettes extérieurs qui se développent par une seule de leurs extrémités, il n'est guère qu'une loi de croissance» remarque Roger Caillois, dans son *Esthétique généralisée* (1962) : «la spirale». N'étant pas pour l'homme une loi de nécessité, la spirale devient un signe d'espérance : à la symétrie stable et mortelle s'oppose une symétrie dynamique, à un temps linéaire un temps en écho, au sens révélé un sens en progrès. Les figures du cube et de la sphère font couple, l'une s'inscrit en l'autre comme l'homme aux bras et aux jambes écartées dans le monde étoilé; mais la spirale est irréductible : elle est la figure de ce qui ne peut pas composer avec le monde convenu.

Pour caractériser une forme de pensée particulière, qui ne serait ni la contemplation, figurée par la circonférence, ni la pensée déductive réduite à une droite, saint Thomas dans le *De caelo et mundo* (I, 3) propose l'image de la spirale : entre une base large, raisonnable et sensible, et un point final, chimérique et illuminant, elle se donne pour un lieu d'échange perpétuel. La clarté acquise dans l'ascension spirituelle se rediffuse dans la préhension quotidienne, et ce qui serait répétition dans le monde sub-solaire est transformé en développement. Elle est la forme de représentation d'une circonférence en expansion qui projetterait son centre à l'infini. La sentence du livre des *Vingt-Quatre Philosophes* : «Deus est sphaera infinita cujus centrum est ubique, circumferentia vera nusquam», sur laquelle Alain de Lille, Nicolas de Cuse, Maître Eckhart, Blaise Pascal allaient construire des variations, donne la sphère pour parfaite; mais si le centre en est insituable, y a-t-il encore dans la création une cohérence concevable ? Le système solaire n'a qu'une valeur accessoire, et la nature de la relation de l'homme à Dieu se transforme; ils sont dans l'ignorance l'un de l'autre, n'ayant plus entre eux que des similitudes égarantes. Concevoir une telle pensée limite, celle d'une sphère en expansion dont le centre serait insituable, ce qui veut dire qu'elle ne serait pas concentrique à elle-même, entraîne la désarticulation même de son expression, à la façon dont est impensable l'aphorisme de Lichtenberg sur le couteau sans lame auquel manque le manche. Cette image inconcevable situe Dieu hors de la pensée, dans l'imaginaire irrationnel, où il a l'éclat que provoque la rencontre, non fortuite, d'une image cosmologique et d'une conception théologique dans le champ ravagé de la logique. Tout au contraire l'image de la spirale rassemble le divers visible et imaginable dans un mouvement constant de métamorphose. Elle est l'expression de la richesse et de la quête.

La description de Rosny tend à donner l'illusion d'une architecture équivalant aux dessins créés dans la liberté inconsciente, dans l'indifférence aux règles du savoir : «L'ensemble avait une harmonie décorative qui me rappelait les dessins de médiums, parfois si fantastiquement séduisants» (III, 15). Certes, le début du siècle est encore tout à fait sensible aux effets de la Grande Hystérie et aux recherches de

Charcot; cependant ce qui semble dominer ici c'est l'idée d'une organisation se concrétisant à partir de détails hétéroclites, à la façon dont Kurt Schwitters construisait son *Merz*. Contre le jansénisme de la ligne droite, la description valorise les signes de l'incontrôlé, de l'imprévisible. Le charme des dessins médiumniques évoqués tient à leurs organisations en formes proliférantes, mais aussi à leurs structures souvent réitératives : jouant d'axes de symétrie elles se donnent, aussi, pour des images d'elles-mêmes. Etant en expansion continue, il est évident que ces œuvres sont inachevables : ce qu'exprime leur forme c'est un mouvement sans fin identique à celui de la spirale. Il s'ordonne vers son propre, et impossible, achèvement. Au lieu de se proposer comme l'équivalent d'un miroir concentrique de l'univers (ce que serait l'œuvre d'art instaurant entre l'hétérogène une relation de nécessité), la description libre de la ville imaginaire se présente comme une poursuite : tout est présent sans que l'énumération des éléments soit jamais possible, sans que le relevé des détails puisse avoir une fin. Or ces ornements de la ville ne sont pas fonctionnels dans le récit; le roman peut être structuré selon les lois de l'économie et une stricte logique du récit, sans que pour autant les indications, à la façon de celles qui sont fournies au lecteur à propos de Verrières ou de Yonville, puissent être considérées, autrement que par leur luxuriance, comme significatives. Le désir s'exprime par l'excès : la description de la ville imaginaire devient le lieu de toutes les condensations. Et si la ville évoquée peut être tenue pour romanesque, c'est que sa description la porte, dans l'esprit du lecteur, au-delà même de ce que jusque-là il pensait désirable. C'est là que se situe la différence avec les utopies sociales. Quand Cabet, dans son *Voyage en Icarie* décrit une ville aux rues régulièrement nettoyées, scandées de refuges pour les piétons, largement parcourues par des moyens de circulation, il exprime quelques souhaits d'urbanisme, mais n'évoque pas une ville imaginaire. Il prend position dans une querelle, juste, qui impute à la malpropreté des villes, au mauvais air qu'on respire en certains quartiers, sans arbres, sans espaces verts, la diffusion rapide de la tuberculose, et celle, aujourd'hui, de la dépression délinquante. Son discours préconise une nouvelle politique urbaine, où la lutte des classes, si elle ne peut ainsi totalement se réduire, ne s'accompagnerait cependant plus nécessairement d'une insidieuse mise à mort. La diversité des quartiers, par le confort qu'ils présentent, par l'éloignement des centres de communication où ils mettent ceux qui ont justement à traverser les couches urbaines pour venir alimenter de leur énergie le centre, cette diversité est à l'image même de l'organisation sociale de l'Etat. La représentation de la ville imaginaire, au contraire de celle de l'utopie, qui se tient du côté de la loi, de la règle (tout comme les utopies constituent des systèmes d'uniformisation et de répression), est une exaspération de formes. Cette exaspération et cet excès signifient un incoercible humain, un absolu refus de soumission de l'esprit à ce qui est donné pour être suffisant. Il lui faut exprimer le plus difficilement réalisable, être très peu «réaliste», selon le grief de ceux qui se satisfont du médiocre. La ville imaginaire évoque ce qui ne peut encore se nommer, ce qui est sans référence pratique.

Aussi souvent cherche-t-elle à établir une sorte de modèle en quoi le particulier s'abolirait. Elle serait un état limite de l'imaginaire, non dans sa représentation détaillée et impossible, mais dans la direction de pensée. La description de la ville imaginaire propose une image de l'inépuisable : soit qu'elle se répète en multiples représentations d'elle-même, comme en un kaléidoscope, les images décomposent une représentation pour en proposer une nouvelle, semblable et différente; soit qu'elle multiplie les images de l'anarchie végétale, de la folie organique qui conduisent les lichens à devenir des forêts hercyniennes. Il est suffisant qu'un de ces éléments, qu'une de ces images, soient présents dans la description d'une ville pour que le lecteur la situe au-delà de son horizon. Il la fabule lointaine, mais non inaccessible, fût-elle irrémédiablement celle des morts. Car la ville imaginaire se saisit de la ville réelle, l'englobe, métamorphose celle où l'homme erre, s'affame et meurt.

Langages

Dès lors que le romancier envisage de situer l'action de son récit en une ville, il lui faut la nommer. Si la ville est sans référent, il lui faut inventer un langage.

Le texte narrera les rites de fondation : le sacrifice initial, la limitation de l'espace par un fossé (un «mundus»), ou une enceinte, le tracé des rues, les fêtes de consécration : «Ainsi la ville fut fondée et placée au matin sous les labiales d'un nom pur», rappelle Saint-John Perse dans *Anabase* (IV). Cet acte de nomination, en apparence simple et arbitraire, est en fait complexe. Car le nom d'une ville s'insère dans un système élaboré de langue, dont des témoignages, des fragments plus ou moins importants peuvent être disséminés dans l'œuvre. Il faut donc qu'implicitement un système ait précédé la construction du nom. Plus encore : l'exercice d'une langue détermine une façon de découper la réalité, donc de la voir, de l'articuler, donc de la penser. Ainsi il convient nécessairement d'établir un implicite ensemble homogène, où les descriptions constitueraient la face visible du système linguistique.

Dans le cas des villes inventées, qui doivent passer, sinon pour réelles, du moins pour vraisemblables, les noms imaginaires et les noms réels auront à se mêler en un corpus homogène. La construction phonétique d'Yonville situe la ville entre Sotteville et Bonneville, et dans les parages sentimentaux de Trouville. Verrières s'associe moins à «verra» (la cime), qu'il n'évoque les innombrables «ferrières». M. de Rénal ne dirige-t-il pas une modeste industrie métallurgique ? La ville nommée, il faut songer à en diversifier les directions. Encore doit-on se souvenir avec Raymond Queneau que, lorsqu'il s'agit de *Courir les rues* (1967) :

Les villes sont hétéronymes
Ici pas de rue de Paris
à Nîmes pas de rue de Nîmes
les villes sont hétéronymes.

Les noms des rues, des places détermineront un contexte social, politique et culturel particulier. Ils pourront rappeler le souvenir de la division de la ville en quartiers, avec la rue haute et la rue basse, de leur attribution à différents commerces, dans la rue au pain et la rue au fil; conserver quelque allusion à la vie campagnarde alentour, devenue étrange par suite des évolutions phonétiques, les oies se changeant en ours. Dès qu'interviendront des noms propres, il faudra inventer toute une politique et il conviendra de tenir compte d'une histoire, fictive. Car nous avons des laies Thiers; on aimerait habiter rue Louis-Nathaniel-Rossel; on impose Mgr Dupanloup et on écarte Donatien-Alphonse-François de Sade. Lorsque le roman n'aura pas pour objet d'évoquer un environnement reconnaissable, ni de conforter le lecteur dans ses idées reçues, mais tout au contraire, comme cela se passe dans les voyages imaginaires, d'élaborer une ville nouvelle, plus noble que les nôtres, d'imaginer une structure sociale plus conforme à nos désirs, il faudra édifier une langue en quoi se manifestent les traces d'une histoire et qui tente de corriger le défaut des nôtres. Le simple acte de nomination d'une ville imaginaire constitue un manifeste politique. Jules Verne, dans les *Cinq Cent Millions de la bégum*, oppose Franceville à Stahlstadt, comme le bien démocratique au mal archaïque, la langue de la raison au système guttural.

Le nom de la ville est l'ébauche d'une langue nouvelle, encore inconnue, qui peut demeurer à l'état virtuel, ou dont l'analyse est parfois plus poussée. Un fragment exemplaire peut en être relevé (c'est ce que fait Thomas More pour nous donner idée de la langue et de la poétique des utopiens) ; des échanges dialogués servent d'illustrations. En outre, par le biais des indications de lieux-dits, ou des réflexions sur le sens de certaines appellations, une diachronie s'esquisse. Un Brichot nouveau servira d'informateur bénévole.

Dès qu'il y a nomination d'une ville imaginaire, il y a, à la fois, ébauche d'une histoire, «uchronique», et esquisse d'un système linguistique. Entre les deux, une relation s'établit : dans la mesure où les villes imaginaires proposent l'image d'une société située à un autre stade d'évolution que la nôtre, infra ou supra humaine, un examen des langues imaginaires, fussent-elles présentées succinctement dans le roman, révélera une tentative pour corriger l'imperfection de nos langues; leur disparité sur la surface du monde (et c'est le mythe babélien), l'arbitraire des mots (ce sera le rêve cratylique), l'absence de communication sans totale transparence (ce sera la tentation angélique; les anges, selon Dante, étant sans secret, ils n'auraient pas besoin du langage pour communiquer). L'idéal de ce langage est sa propre disparition, les consciences pouvant correspondre par le regard. Les langues imaginaires s'inscrivent dans un projet, qui est donné pour essentiellement poétique. Deux voies se proposent au voyageur rêveur jusqu'au XVIIIe siècle : remonter par l'intermédiaire des comparaisons et des inventions étymologiques vers une langue supposée originelle qui, antérieure au déluge, était celle par quoi Adam nommait, justement, et donc efficacement, les choses. A cette langue suprême et, depuis, brisée, serait dû ce qui subsiste d'énergique dans les nôtres, ce qu'il y a de suffisamment juste dans nos langues délabrées pour assurer le minimum de communication qui permette à une collectivité de survivre. La seconde consiste à inventer un nouvel idiome, à partir des débris épars des langues contemporaines, à prêter au système ainsi élaboré une valeur plus grande qu'aux éléments assemblés, un peu à la façon dont Mallarmé, n'entendant pas dans le mot «jour» l'éclat qu'il lui faudrait pour scintiller comme le mot «nuit», charge le vers tout entier de rédimer ce défaut, inévitable, des mots, en établissant, à un autre niveau, celui de l'organisation rythmique, de la chaîne verbale, un langage juste, où forme et sens, musique et intention deviennent adéquats. Les langues imaginaires ébauchent ce que Franz Werfel dans son roman, *L'Etoile de ceux qui ne sont pas nés* (1945), considère comme allant de soi sitôt accomplie l'union planétaire : «Il n'y a plus alors de langues diverses mais un seul langage, la Monolingua, qui n'est pas un esperanto artificiel mais une langue euphonique de l'harmonie [...].» L'idée qu'un progrès dans l'union politique des peuples s'accompagnerait de la réduction du nombre de langues d'usage n'est pas une idée récente, bien qu'aberrante. Elle appartient moins à la prévision qu'à la philosophie-fiction, qui n'a pas seulement occupé Leibnitz, mais aussi Descartes et Condillac. L'évolution des langues jusqu'à une perfection, retrouvée ou inventée, implique une connaissance complète du monde et du système de la pensée. Car la langue serait ainsi le lieu commun de l'être intime et de la réalité du monde, l'un se réfléchissant en l'autre. L'aboutissement à une seule langue serait le signe de la fin de l'histoire et de l'aventure intellectuelle de l'homme : l'imagination de l'évolution des langues vers une unité retrouvée, en une communion qui serait l'inverse de la division babélienne, n'est pas réductible à une vision linguistique, elle présuppose une attitude spirituelle. Tout comme la rêverie sur la langue primitive part du postulat que quelque chose d'une langue divine demeure dans les nôtres, humaines et éparses; pour pouvoir imaginer la langue que l'humanité connaîtrait au terme de son évolution spirituelle, il faut penser que cette langue future, plus évoluée que la nôtre, plus accomplie, est déjà à l'état de trace, ou de germe, dans nos parlers. Nous ne pourrions l'entendre, nous ne pourrions en avoir même le désir, si en la nôtre, enfouis, difficilement audibles ne se trouvaient les linéaments de ces langues, à la façon dont, selon Saint-Martin, les anges, nous frôlant, vivent parmi nous. La poésie, qui ne se définit ni par des thèmes ni par une rhétorique, peut être conçue comme un avenir de la langue.

Une histoire des langues imaginaires pourrait s'établir dans une comparaison avec les théories grammaticales reconnues à différentes époques. Il faudrait être attentif à la façon dont la langue est tenue pour un miroir du monde ou pour celui de la pensée, pour un instrument d'investigation ou pour un système de classification; car toute invention de langue imaginaire prend appui, pour les accomplir ou les infirmer, sur les théories langagières du moment. Elles gagneraient à être resituées dans la conception contemporaine des échanges et de l'économie. On peut pour le moment s'en tenir aux orientations les plus courantes dans l'invention des langues imaginaires. La tentation rationaliste est probablement celle qui domine le plus : elle s'exprime par le systématique triomphe de l'analogie. Ainsi Denis Vairasse, dans son *Histoire des Sévarambes, peuples qui habitent une partie du troisième continent communément appelé la Terre australe* (Paris, 1677-1679), fait-il dériver une série de noms propres d'une racine simple, qui lui est fournie par l'anagramme de son nom (Vairasse : Sévarias ce qui rend la graphie Vairasse, préférable à celle de Veiras souvent utilisée). Le nom du sage législateur Sévarias fonde celui du pays de Sévarambe, dont la capitale est Sévarinde. De façon identique, le premier pays où abordent les voyageurs ayant pour capitale Sporoude a pour nom Sporoumbe; les habitants en sont les Sporouï. Un système cohérent gère ainsi les nominations de groupes, relationnels ou homogènes. On peut également imaginer que sur le modèle du verbe «aimer», *Ermana, Ermané, Ermano,* indiquant les masculins, féminins et neutres, les conjugaisons ont été restaurées, si bien que dans cette langue ne demeurent plus les variétés des classes verbales, ni pour un verbe des oppositions insignifiantes, comme je peux/nous pouvons quand «je treuve» a été refait sur nous trouvons. Une telle uniformisation des formes verbales (les conservatismes étymologiqués sont probablement dans nos langues les variations les moins signifiantes) est également retenue par Tyssot de Patot pour ses *Voyages et aventures de Jacques Massé* (1710) et, précédemment, par Gabriel de Foigny dans *La Terre australe connue* (1676). La réduction des différences tend, chez ce dernier, à présenter un point de vue politique : obéissant à une loi de réduplication et d'amplification, le pluriel *LLA*, nous aimons, redouble le singulier *LA*, comme deux individus sont deux fois le même ; *LGA* dit «j'ai aimé», et *LLGA* rappelle que «nous avons aimé». Le modèle social, ascétique et terroriste, que propose Foigny a son expression dans un langage uniformisé. Les langues ainsi proposées ne se donnent pas comme rationnellement et abstraitement créées, mais comme transformées par la sagesse ou l'autorité, à la façon dont l'esprit fait de la nature hostile un lieu habitable. Il ne s'agit pas seulement d'une réfection mais d'une rédemption.

Les Sevarambi ne sont pas des autochtones ; colons généreux et bénéfiques, ils ont conquis de longue date le pays des Stoukarambes. Dans la langue nouvelle organisée par les conquérants, demeurent des vestiges de l'ancienne langue, comme sous le latin dominateur subsistent des monuments linguistiques celtes. La langue imaginaire proposée par Vairasse assume ainsi, dans une forme nouvelle, le passé des langues diverses ; elle ne les efface pas, ne se substitue pas à elles, mais les organise pour que seul demeure en elles un état de perfection (le postulat admis étant que tout ce qui transgresse la règle générale est défaut). Aussi peut-on entendre dans cette langue imaginaire, dont Paul Cornelius a reconstitué les conjugaisons, une série d'échos des langues méditerranéennes, italienne, espagnole, latine, parfois grecque, qui nous semblent les seules au monde parce qu'elles nous sont les seules familières. Jules Verne construira de façon semblable l'idiome qu'il prête à *L'Eternel Adam* ; mais il fait de la distinction des langues sous les langues le moteur même de son récit et, en même temps, le signe de notre angoisse : car la langue imaginaire étant future, tout signe des nôtres décelable en elle signale notre proche et inévitable disparition.

Sur le modèle des suffixes, diminutifs ou péjoratifs, D. Vairasse crée des augmentatifs ou des mélioratifs. Il accomplit ce qui constitue le mouvement même de la langue opposant à un signe de valeur l'indice possible d'une valeur contraire. Le langage ainsi restauré permet l'expression simultanée, par un seul terme, et donc sans surcharge stylistique, d'une information et d'un point de vue : *amba* désigne un homme et *ambas* un vilain. Ces mots exprimant la nature des choses, ils se décomposent comme les choses s'analysent : *Khodimbas* est la royauté dans le monde des esprits, parce que *Imbas* représente le roi et *Khoda* l'esprit. De *Ero* la lumière et d'*Imbas*, on compose *Erimbas*, pour dire le soleil, roi de la lumière. Ce système, présenté dans le texte en un ordre progressif, renvoie en fait à une lecture étymologique de nos langues. Ce qui est proposé comme un constat d'analyse est utilisé, de façon romanesque, comme outil de création verbale. De ce fait nous devrions être amenés à imaginer, par une sorte d'effet de miroir, que nos langues présentes sont bien plus subtilement motivées que nous ne le pensons. En réduisant les disparités de formes, il semble qu'on efface l'arbitraire même des langues. Sans se prononcer sur leur origine, du moins peut-on s'accorder sur leur logique. Ce qui est leur attribuer une forme de vérité.

Cette création langagière est rationnelle autant que la raison est l'émanation de la nature. Gabriel de Foigny attribue aux voyelles l'expression des substances et aux consonnes celle des accidents : *a* est le feu, *e*, l'air ; *b* signifie clair. *aeb* désigne l'étoile ; *z* représentant ce qui est haut, «ils nomment l'homme *vez*, ce qui signifie une substance aérienne, partie terrestre, accompagnée d'humidité». Le mot est à l'image intellectuelle de la chose dite, non selon quelque décret métaphysique mais parce que le mot est une association raisonnable de concepts liés. Tout est également motivé dans le système de Vairasse, mais cette motivation ne relève pas d'un système arbitraire : «Dans leur Alphabet», écrit Vairasse à propos de l'élaboration linguistique des Sévarambes, «ils ont suivi l'ordre de la nature, commençant par les voyelles gutturales, puis venant aux palatiques et finissant par les labiales.» Le classement des voyelles et des consonnes selon leur point d'articulation est transformé en fait de nature : un signifiant ne peut être sans relation physiologique avec un signifié. A l'anarchie babélienne des langues est substituée une construction réfléchie qui implique la connaissance des choses et en rend compte dans la forme des mots et l'organisation syntaxique. Les Sevarambes «ont accommodé ces sons à la nature des choses qu'ils veulent exprimer». La langue parfaite, où le mot et la chose communiquaient, n'est pas un élément du paradis terrestre perdu; le bonheur linguistique n'est pas à l'origine du monde; la langue future et nouvelle est une langue consciente de ses mécanismes, dépositaire de la connaissance du monde : «Ils ont fort étudié la nature des choses qu'ils tâchent d'exprimer par des sons conformes, ne se servant jamais de syllabes longues et dures pour exprimer des choses douces et petites, ni de syllabes courtes et mignardes pour représenter des choses grandes, fortes ou rudes, comme font la plupart des autres Nations [...]»; comme cela avait justement cours chez les peuples conquis des Stoukarambes, dont la langue était faite d'intuitions dévoyées et dégénérées, sans parler du hollandais, qui est «le langage des chats et des chiens». La langue future et finale sera celle de la connaissance achevée du cosmos; même dans le cas d'une langue imaginaire aussi rationnellement construite que possible, ce ne sont pas seulement les souhaits politiques qui s'expriment, mais une vision de l'homme, réconcilié avec le monde par la voie du langage.

Une autre conception est possible : elle tend à tenir le langage pour l'expression d'états de l'être. Dans la répartition du vocabulaire qui a été désignée sous le nom de roue de Virgile, les termes sont distribués selon les genres littéraires qui les utilisent, le noble, le médiocre, l'humble. Ce système de classement peut être transposé dans le domaine de l'esprit: la multiplicité des langues correspond à l'expérience la plus animale, ou la plus fragmentée du monde, ou la plus humble. A mesure que l'emporte, comme valeur, l'idée d'une unité de l'être, les analogies entre les langues deviennent primordiales. Au monde de l'hétérogène est opposé celui de la ressemblance. Et au terme de ce qui est tenu pour une ascension spirituelle une nouvelle langue devrait apparaître, qui permettrait une communication immédiate et complète, une langue de la transparence pour des hommes devenus anges. L'allusion de Vairasse au caractère inorganisé du hollandais, perçu comme une série de cris, pourrait être ainsi interprétée: la langue hollandaise représenterait, dans cette mythologie, le système de communication le moins élaboré parmi les êtres les plus simples (les chiens) ou les plus pervers (les chats). Artus Thomas, sieur d'Embry, rencontre des difficultés à qualifier la langue parlée dans *L'Isle des Hermaphrodites* (s.l.n.d. probablement à Paris en 1605) car elle comprend des «noms qui ne peuvent pas bien se représenter en notre langue»; le jeu est simple, il consiste à exprimer par le neutre la sexualité indivise des habitants et les habitudes de la cour d'Henri III, dont l'ouvrage traite avec ironie. Mais ne poussant pas plus avant son invention linguistique, A. Thomas se contente du latin pour transmettre au lecteur les légendes des peintures et les inscriptions. Ce latin n'est pas celui de la théologie, mais celui de Bacchus, Cupidon et Vénus, qui sont les dieux d'une société libre: l'inceste et l'homicide, que Sade condamnera dans l'île de Tamoé, sont parfaitement licites. Le neutre est tenu pour le lieu d'équivalence du masculin et du féminin, du père et de la fille, et donc pour l'absence de loi distinctive. Il est aussi le signe de l'indivision du pouvoir.

Le roman de Restif de la Bretonne *La Découverte australe par un homme volant ou le Dédale français* (1781) est, de ce point de vue, plus significatif. Son héros, Victorin, fait, au cours de ses voyages, l'inventaire des langues lion ou cheval, semblables à celles qu'a inventées Swift pour les pays visités par Gulliver. Elles ont subsisté dans une série d'îles situées en dehors des voies de navigation habituelles; constituant des sortes de réserves, ces îles ont conservé des formes variées de l'existence qui auraient pu, sans cette protection, être détruites, comme le sont les animaux par les navigateurs-chasseurs, ou être brûlées comme autant de démons, «tandis que ces Etres ne sont que des Hommes qui ne sont pas montés jusqu'au degré de perfection, et chez lesquels la Nature s'est arrêtée plus tôt, après les avoir fait passer de la mer, origine de tous les Etres vivants et des plantes, à l'air libre et sec». Ces états divers de l'être, Restif les distingue par des comparaisons animales : hommes-singes, ours, chiens (dans l'Ile cynique), cochons (dans l'Ile grognante), taureaux, éléphants, lions, moutons, boucs, chevaux, ânes (la diversité est plus grande que celle qui consiste à réserver le cri aux chiens et aux chats); il mentionne également des catégories premières de l'évolution, les serpents ou les grenouilles. Ce n'est cependant pas là pour Restif, comme ce le sera plus tard pour Jean-Pierre Brisset dans *La Grammaire logique*, le point original et aqueux de l'origine de l'espèce. Il y a encore, plus avant, une humanité huître qui assure le passage de l'aquatique à l'aérien. «Il paraît que dans cette île, située sous une haute latitude australe, mais échauffée par un volcan qui la remplit» tout entière, l'animalité sortant de la mer pour passer sur «la terre sèche a été arrêtée et fixée dans un premier point d'amélioration». Des exemples, trop brefs, de ces langues premières nous sont donnés au cours du récit : «Je te désire; laisse, laisse» se dit *Mhih hhouh* ; *hhânh, hhânh* dans la langue cheval, où la redondance du signe h peut passer pour une évocation du hennissement ou pour un hommage à la langue reconstituée par Swift pour les Houyhnhnm. L'onomatopée seule domine la langue lion : *M'r'hô-on-hhom* désigne le gibier qui est attrapé en *hhoû-hhamp*. Cette langue dispose d'un seul cas et d'un seul temps (le verbe n'a qu'une forme nominale), si bien que le geste doit suppléer cette déficience pour désigner l'antériorité et l'avenir.

Bien au-delà des hommes-huîtres, qui sont les véritables enfants du limon, au-delà de nous sur la ligne temporelle, se trouvent les Patagons, du gigantisme desquels tous les voyageurs, on le sait, témoignèrent. Ils se désignent sous le nom de Ppotkhoghans, anagramme aux consonnes redoublées pour faire sonner la grandeur du nom; leur langue, qui n'est cependant guère plus avancée que la nôtre sur le plan linguistique, se caractérise par des redoublements vocaliques *tabalah* (les heures), *femimisisibin* (s'éclipse), *Itimikhili* (époux) et *Ischmichtsis* (princesse). L'aventure humaine et langagière doit être poursuivie jusque chez les Megapatagons, originaux, désorientants et intelligibles. Dès que le nom de la ville capitale est donné, Sirap, le lecteur s'oriente aisément; ce pays est aux antipodes du nôtre, son langage est le nôtre en miroir. Cependant nommer Condé Ednoc, Sully Yllus, Mornay Yanrom est faire preuve de goût pour le palindrome plus que de sens de l'invention verbale. Sans doute y a-t-il excès à déclarer : *Li y a puocuaeb tirpsé'd snad ettec noitnevni !* Nommer un chirurgien *Moé-Essahc*, c'est espérer que la médecine puisse chasser la mort. Le monde de sagesse des Megapatagons serait déjà le nôtre si nous savions reconnaître les véritables sages qui vivent parmi nous, et leur accorder un rôle directeur. Le maître à penser des Megapatagons est Noffub, ce Buffon qui nous enseigne que «tout est vivant dans la nature». Le renversement de son nom rend Buffon à la lumière, et l'affection que Nerval portera à Restif tient peut-être à ce qu'il a prêté cette question à Hermantin : «Est-ce que les Soleils sont aussi des Etres vivants ?» Ceux qui, parmi nous, reconnaissent la vérité des Vers dorés sont des Megapatagons. Ainsi l'inversion, à la fois naïve et malicieuse, de la langue commune en une langue future, ni inconnue ni mystérieuse, mais déjà reconnaissable, correspond à une vision générale du monde : l'être se manifeste par une multitude d'états, et chaque stade de l'évolution se caractérise par une langue particulière. L'évolution, de la plus grande lourdeur (des mouillures de l'huître au grognement du lion) à la connaissance des ressources permutatives de la langue, marque un progrès sur la voie de la sagesse. Reste à accomplir le geste définitif : inverser ce qui est donné pour une évidence, établir une vision générale du monde contre les séparations classificatoires, afin que les êtres connaissent spirituellement une évolution semblable à celle qui les a conduits physiquement de l'eau natale à l'air et à la connaissance du Soleil. Car la Terre n'est pas leur ultime destinée. Ni nos villes leurs seules demeures.

Cette esquisse de répartition des langues, selon les degrés de l'être, mène à une dernière espèce de langue imaginaire : elle ne constituerait plus un système rationalisé, mais tiendrait la musique pour modèle. C'est à elle que se réfère Cyrano de Bergerac dans *L'Autre Monde* (écrit en 1650), quand il reprend à son compte une proposition faite par William Godwin dans *The Man in the Moon* (1638). La musique apparaît comme l'idéal de la langue imaginaire, dans la mesure où la musique, occidentale, est prise en Occident pour un mode d'expression naturel et universel, immédiatement intelligible. En elle son et sens ne font qu'un; nul arbitraire, babélien, n'est venu consommer la rupture de l'harmonie primitive. La musique est, en quelque sorte, une langue anté-diluvienne. N'étant pas formée de mots dispersés, mais se constituant en séries mélodiques et harmoniques, ne portant en elle ni trace de travail ni de défaut, cette langue idéale, dont le murmure s'entend dans les nôtres et dont Cyrano évoque le rôle sur d'autres planètes, est inconnue à ceux dont l'évolution spirituelle n'est pas suffisante pour leur permettre de déceler sa présence, à ceux qui sont encore trop étrangers à son charme ou fermés à sa vérité. Les langues imaginaires se proposent d'être des approches de la langue des oiseaux, dont nous entretiennent les traités spirituels. Un swedenborgien, souvent simple et de ce fait exemplaire (mais Nerval lut la *Pasilogie, ou de la musique considérée comme langue universelle* ,1806, ce qui autorise à citer Anne-Pierre-Jacques Devismes), affirme que «la musique est la langue matrice de toutes les autres»; il rappelle l'antique correspondance des notes et des planètes : du *si* au *la* le ciel se décline, de la lune à Saturne passent les jours de la semaine. Le monde est un luth. La musique jouerait le rôle de la langue originelle recherchée par les grammairiens du XVIIIe siècle. La rêverie sur les langues imaginaires s'alimente à l'idée d'une langue primitive : au terme de l'évolution humaine devrait se retrouver la cohérence dont on postule qu'elle a été à son origine.

Evoquer l'aspect musical du langage, c'est tenir compte de sa phonétique, quand plus importent, habituellement, le vocabulaire et la syntaxe. L'un serait du domaine du sensible quand les seconds ne relèveraient que de l'intellect. Sensation et pensée se trouvent dissociées, et c'est à la sensation que J.-J. Rousseau accorde le privilège de la transparence. Stendhal se réfère à cette séparation du cœur et de l'esprit, quand, dans *Rome, Naples et Florence* en 1817, il prête à Don Fernando sa propre opinion : «La musique, cet art sans modèle dans la nature, autre que le chant des oiseaux, est aussi comme lui une suite d'interjections. Or, une interjection est un cri de la passion, et jamais de la pensée.» L'opposition entre langue imaginaire rationnelle et langue imaginaire musicale couvre deux conceptions de l'être, l'une marquée par le souci d'inventaire et de classement, l'autre par l'idée d'une vérité antérieure à l'élaboration consciente. Il faut que le sentiment soit considéré comme le fondement de la vie morale pour que la musique paraisse la substance pure de la langue. Si Stendhal pense à la musique comme à la seule expression des «âmes sensibles», c'est qu'il estime impossible de dire l'intimité de l'être par la voie des systèmes linguistiques abstraits; cette difficulté, cependant, ne tient peut-être pas aux langues (Stendhal s'est souvenu de la lecture de Destutt de Tracy), mais à l'intimité même de soi, qui se dérobe à l'expression juste et ne se restitue, synthétiquement et allégoriquement, que par le chant. Le langage musical permettrait à la fois de dire la sensation première (ce que note l'interjection) et l'accomplissement final : l'expression angélique est une pure célébration. Parler n'est plus dès lors communiquer quoi que ce soit (car toute expression suppose réticence et part d'obscurité), mais louer.

Lorsqu'on parle de l'initié, comme de celui qui a le «don des langues», à la façon de René Guénon dans ses *Aperçus sur l'initiation* (Paris, 1953, ch. XXVII), on entend que s'approcher du Principe, ou du Point suprême, c'est acquérir l'usage des langues, qui n'en sont que la manifestation. Le même schéma pourrait être retenu pour les langues imaginaires, considérées comme les manifestations romanesques de la poésie; atteindre à l'intelligence du fonctionnement poétique, c'est en retour percevoir les langues dans la cohérence de leur diversité. L'unité poétique confère aux mots dissociés, malgré les liens syntaxiques, et partagés par leur origine hétéroclite un sens plus pur. Les écrivains répartiront les mots entre les personnages, et dans la suite du récit, en allant des plus reconnaissables aux plus énigmatiques, comme lorsque, dans les voyages vers l'Orient les pèlerins traversaient les langues romanes, puis un domaine grec moderne avant de pénétrer l'inconnu linguistique. Notre éducation se résume semblablement à la traversée de couches verbales, jusqu'à une ultime saisie, espérée, du son et du sens sans plus rien entre eux qui nécessite l'exégèse. La langue angélique, préfigurée par l'évocation dans les villes imaginaires de langues accomplies, n'est pas différente de celle que, dans nos parlers communs, nous entendons par poésie : pour Mallarmé, le vers devrait rendre efficients nos propres mots en leur accordant un sens plus pur, et l'organisation du poème compenser l'arbitraire sémantique; cet espoir peut être transposé aux langues imaginaires, plus efficaces que les nôtres, plus chargées de l'énergie première qui faisait encore naguère éclater le tonnerre dans l'étonnement. La construction d'une langue imaginaire, serait-elle totalement et utopiquement rationnelle, s'alimente dans la nostalgie du discours que Platon prête à Cratyle. La réconciliation des mots et des choses, insensée sur le plan linguistique, s'établit en vérité sur le plan poétique.

Nom

Les langues imaginaires nous sont proposées pour accomplir nos langues multiples (assurer l'accord des idiomes dispersés) et mener à bonnes fins nos désirs et nos nostalgies. Elles jouent ainsi le rôle d'éclaircissement des nôtres et de révélation de leur manque. Si toute création romanesque de ville implique un acte de nomination (mais la ville, comme un être, outre son nom particulier, porte un nom secret dont la connaissance prend l'aspect d'une révélation), inversement, et d'une façon presque complémentaire, le désir de créer une langue imaginaire, où la réalité de l'être s'exprimât à tout instant sans nulle obscurité, s'accompagne de la quête d'un lieu particulier soustrait aux intempéries de l'histoire. Si bien qu'explorer le nom d'un lieu, c'est déjà métamorphoser une ville réelle, désignée par l'usage commun du nom, en ville imaginaire révélée par les secrets inclus dans le nom. L'usage des comparaisons et des appositions aura ce but. Si Rouen, qualifiée à la façon de Paris dans la poésie romantique, devient pour Emma Bovary «comme une Babylone» (III, 5), le lieu où réside son amant n'est plus pour elle une ville réelle. Lorsque sa femme demande à Léon Delmont, dans *La Modification* de Michel Butor, pourquoi Vénus et Rome sont associées dans la dénomination d'un temple romain, nous sentons que, si elle traverse l'espace géographique de la ville, ignorant le sens secret de son nom, elle n'en habite pas le cœur sensible.

La ville cachée en la ville réelle, les romantiques l'ont fait apparaître à coup de métaphores. Paris est un abîme et un volcan, l'océan et la forêt. Elle est immonde ou sainte, chaotique et féerique :

> Ici, là devant vous, derrière, à droite, à gauche
> Des maisons, des maisons ! le soir vous en ébauche
> Cent mille avec un trait de feu !
> Sous le même horizon, Tyr, Babylone et Rome,
> Prodigieux amas, chaos fait de mains d'homme
> Qu'on pourrait croire fait par Dieu

écrit Th. Gautier en 1871 dans un poème intitulé «Notre-Dame». La mer et la forêt sont le domaine de l'indiscipliné; leur assimiler la ville, en prenant littéralement les figures convenues, comme l'océan des toits et la forêt des clochers, c'est en nier le caractère culturel et la donner à voir comme ressaisie par une violence naturelle originelle. Certes d'autres valeurs morales s'y adjoignent, car la mer est le lieu des tempêtes (les passions ne sont, théologiquement, rien d'autre que des bourrasques) et la forêt celui des mauvaises rencontres. Sans doute y a-t-il en ces images d'une part, un effacement des contradictions qui déchirent une ville réelle – les signes en elle de la lutte des classes, les menaces de pouvoir, les reniements historiques – et ce qui, par là, la place hors du temps fût-ce en la livrant à un élément premier, le moutonnement marin ou le feu des volcans; et d'autre part, par le principe d'équivalence sur quoi s'établit l'image, elle est donnée comme mouvante, dotée de la puissance incontrôlable qui anime le cosmos.

L'association de noms, comme ceux de Rouen et de Babylone, permet le glissement d'une ville tenue pour réelle en une ville reçue pour imaginaire. Ainsi en va-t-il de Paris rattaché par Victor Hugo, dans son poème «A l'Arc de Triomphe» (publié en 1837 dans *Les Voix intérieures*), à une lignée de villes mythiques :

Frère des Memphis et des Romes,
Il bâtit au siècle où nous sommes
Une Babel pour tous les hommes,
Un Panthéon pour tous les dieux !

Cette liste des villes fondamentales varie peu d'un écrivain à l'autre; elle semble reprendre celle qu'esquissait l'*Encyclopédie* en évoquant les villes célèbres «qui ont fourni des monuments aux premiers historiens» : Thèbes, Memphis, Ninive, Babylone, Sidon, Tyr, Carthage. Lorsque, regardant Brest depuis les hauteurs de Roscanvel (où vécut Saint-Pol-Roux), Julien Gracq abat les grues, efface le ciment pour laisser se lever «une pensée confuse embusquée dans le béton», une évidence se fait jour: «Ce que j'avais devant moi, ce n'était plus la Ville d'heures et même encore des vieilles cartes postales, c'était Babylone, Thèbes ou Persépolis, c'était peut-être aussi Tenochtitlan, et c'était une ville de Max Ernst, tragique et sacrificielle, tranchée comme une pyramide aztèque par un énorme coup de faux horizontal». (*Lettrines* 2, 1974). La ville est un compendium de villes mythiques (à la façon dont Antoine Caron construit dans sa peinture un espace romain où se groupent les monuments significatifs). Elle garde également en elle les forces des villes anciennes; les villes antiques citées gisent enfouies en elle.

Pour l'Exposition universelle de 1867, il fut demandé à Victor Hugo une préface pour *Paris-Guide*. L'exilé sut remettre un texte irrécupérable pour le pouvoir usurpateur : le temps présent du baron Haussmann, détruisant Paris à des fins politiques, le faisant changer plus vite «que le cœur d'un mortel», selon les mots de Baudelaire dans *Le Cygne*, ce temps présent devient dans le texte de Hugo une faille entre le passé et l'avenir, si bien que la forme même du texte constitue un discours politique : en amont une sorte de puits perdu, en aval un cours lumineux. En charnière : 1793. C'est de 93 que la ville est sortie «avec la langue de feu de l'avenir sur le front». Elle accomplit le destin des villes antérieures, représentant le vrai, comme Jérusalem, le beau, comme Athènes, le grand, comme Rome. «Autour de ces trois villes, l'ascension humaine a accompli son évolution. Elles ont fait leur œuvre. Aujourd'hui de Jérusalem il reste un gibet, le Calvaire; d'Athènes, une ruine, le Parthénon; de Rome, un fantôme, l'Empire romain.» Ce qui se profile dans Paris, quitté et espéré par l'absent, c'est une ville future, imaginaire, mais dont le destin est déjà figuré par les villes qui l'annoncent. L'histoire humaine est marquée par deux événements fondateurs, véritables instants premiers : la Passion et la Terreur. «Paris, lieu de la révélation révolutionnaire, est la Jérusalem humaine.» Paris prend ainsi le relais de la ville de la crucifixion; étant le lieu de la Révolution, elle est celui de la nouvelle rédemption. Cet accomplissement progressif est marqué par le changement même de son nom : «De Lutèce devenir Paris, quel plus magnifique symbole ! Avoir été la boue et devenir l'esprit !» Cette transformation n'est pas le fait des gouvernements. Seuls ceux qui usent poétiquement du langage peuvent révéler les vrais noms. Par la littérature, et en elle, s'accomplit la métamorphose de la ville réelle, bourgade boueuse, en ville lumineuse: «Cette affirmation de Paris, ce livre l'a fait.» Celui qui est absent de la ville et se donne pour absent du livre, de ce guide qui n'est pas son fait, se révèle seul voyant de la ville réelle, seul apte à déployer sa suite. A l'unisson, les villes se font cortège, organisent un vaste corps collectif :

Les villes répondaient maintenant par centaines
Je ne distinguais plus leurs paroles lointaines

chante Apollinaire à la fin d'*Alcools*.

En voyageant entre les noms, Victor Hugo décèle l'évolution de Paris. On sait, sans pour autant devoir se référer à l'analyse de Marcel Proust sur les noms de Parme ou de Balbec, dans le chapitre «Noms de pays : le nom», combien les noms incitent à rêver. Un lieu, comme un être, porte plusieurs noms en lui. Le nom n'est pas seulement le résumé de l'histoire de la cité, mais sa vérité secrète. Tant que le parcours du lieu ne s'accompagne pas de l'intelligence du nom, il n'y a que compréhension éparse de l'organisation de la ville. *Messaline* (1901), selon Alfred Jarry, dans son roman, avait appris des vestales le vocatif sacerdotal : Flora. Ce n'est là qu'une petite initiation : «Il existait un nom secret terrible, qu'il était interdit de prononcer sous peine de mort (on leurrait le peuple du soupçon que ce pouvait être Valentia ou Ange Roma).» Par prudence, on en vient à parler de La Ville, sans la nommer, comme au Proche-Orient on dit Istanboul, pour désigner la ville par excellence. Messaline aura la vision dans un miroir d'or du «nom sacré, à peine soupçonné, jamais prononcé». Et c'est celui d'AMOЯ, par quoi s'établit la relation de Vénus et de ROMA.

Jarry transpose à une ville ce qui, initiatiquement, est le propre d'un être : le nom, sacré et secret, est au nom quotidien ce que la vue directe est à l'image en miroir, pour reprendre l'opposition de saint Paul, évoquant la connaissance absolue par rapport à celle qui nous est donnée réfractée. Le nom secret s'impose au terme d'un parcours dans l'espace du nom, semblable à celui que nous effectuons quand nous nous livrons aux rêveries étymologiques. Cela consiste à créer un réseau de sens à partir de similitudes sonores, à imaginer que demeure dans le mot une trace des choses si un élément sonore l'évoque. Sous le nom de Lutèce, Rabelais propose de lire celui de Lekos et de le traduire par «blanchette», «pour les blanches cuisses des dames du dict lieu». Victor Hugo porte à Rabelais assez d'attention pour se souvenir de ce passage de *Gargantua* (XVII) quand il rédige sa préface de *Paris-Guide*. Et si Paris lui paraît nommer un lieu de l'esprit, c'est qu'il s'est déjà prononcé sur le nom de la ville dans les poèmes et dans les notes réunies sous le nom de *Tas de pierres* (1834-1839): «L'*Urbs* des temps modernes, ce petit monde qui gouverne le grand, a deux noms, l'un tiré des marais qui l'environnaient jadis, l'autre du premier temple qu'elle a contenu. Elle s'appelle Lutetia, ce qui vient de Lutus, boue, et elle s'appelle Parisis, ce qui vient d'Isis, la mystérieuse déesse de la Vérité.» Ainsi Victor Hugo peut-il trouver dans le nom les éléments fondamentaux de sa vision du monde et de sa rhétorique. Paris associe Lutèce et Parisis, la vase et la vérité, la prostitution et la sainteté.

Les traces de l'Orient fondent en vérité la ville imaginaire. «Mon enfance ne se trompait donc pas tout à fait quand elle mettait Rome parmi les première villes d'Orient», glisse Georges Borgeaud dans *Italiques* (1969). Identiques à celle du mot PeRSe, les consonnes du nom de PaRiS permettent à la rêverie de suivre sa pente favorite. Il ne suffit pas de trouver une relation entre la nouvelle capitale et Rome et Athènes, ce qui est proprement politique et consiste à assurer une transmission de pouvoir, il importe de fonder l'existence présente de la ville sur un passé mythique : par l'intermédiaire de Pâris, Paris garde quelque chose de Troie. Aussi lorsqu'on découvrit, vers 1670, non loin de Saint-Eustache, une tête en bronze de déesse tourelée, on y vit immédiatement la représentation de la déesse Isis – bien que ce fût difficilement recevable – car cela étayait merveilleusement la croyance, imprécise mais nécessaire, qui voulait que le nom de Paris fût apparenté à celui d'Isis. Le moine Abbon, au IXe siècle, évoque une ville Isia, consacrée à Isis; il n'en faut pas beaucoup plus pour expliquer le nom de Paris comme indiquant la proximité de demeures et d'un temple d'Isis, «par Isis», selon la proposition de Thomas Corneille dans son *Dictionnaire universel géographique et historique*. Diversement motivée, la relation entre Paris et Isis sera reprise. Dans le *Monde primitif analysé et comparé avec le monde moderne*, Court de Gebelin consacre un chapitre au nom de la ville : «Comme elle était sur un fleuve et adonnée à la navigation, elle prit pour symbole un vaisseau, et pour déesse tutélaire, Isis, Déesse de la navigation, et ce vaisseau fut le vaisseau même d'Isis, symbole de cette déesse. Le nom de ce vaisseau devint également le nom de la ville : il s'appelait Baris, et avec la prononciation forte du Nord des Gaules, Paris [...].» (Il est possible que ce soit dans *L'Enquête* d'Hérodote d'Halicarnasse que Court de Gebelin ait trouvé le nom de «Baris» pour désigner, sans plus de précision, une embarcation.) Le détour proposé par Court de Gebelin pour légitimer la première syllabe du nom est un peu alambiqué mais il lui permet d'associer Isis, l'île, la barque, la fête du 3 janvier «appelée chez les anciens peuples l'Arrivée d'Isis» et les Druides. De cette façon, il met en relation le domaine oriental et le passé national, plus étroitement que ne le faisait Jean Lemaire de Belges en cherchant à concilier les légendes troyennes et gauloises. La ville porte le nom de «Vaisseau d'Isis», et la relation du nom et de la divinité est médiatisée par celui de la barque.

Lorsque, dans *Les Illuminés* à propos de Cagliostro, Nerval évoque le problème du «mysticisme révolutionnaire», et par son biais celui de la permanence du polythéisme, il rassemble en faisceau tous les éléments épars : «Bien que l'ancienne déesse des Parisiens, Isis, eût été remplacée par sainte Geneviève, comme protectrice et patronne – on vit encore au XIe siècle, une image d'Isis conservée par mégarde sous le porche de Saint-Germain-des-Prés, honorée pieusement par des femmes de mariniers – ce qui obligea l'archevêque de Paris à la faire réduire en poudre et jeter dans la Seine.» C'est bien moins une étymologie, fût-elle rêveuse, qui intéresse Nerval, que la présence, latente et tutélaire, dans l'espace de la ville, par l'intermédiaire du nom ou des rites comme celui des loges maçonniques, d'une figure lentement remontée du temps et de la négligence. Des formes religieuses sont les mutations d'une espérance, qui n'est pas soumise au temps. «Il y a, certes, quelque chose de plus effrayant dans l'histoire que la chute des empires, c'est la mort des religions», écrit Nerval à propos de Quintus Aucler.

A deux reprises dans son œuvre, Nerval évoque un incident qui pourrait être tenu pour symbolique de la fin d'une représentation du sacré, mais en quoi il ne veut voir qu'une passagère occultation : le voile qui couvrait la statue figurant soit Isis, soit la Nature, brûle lors d'une cérémonie en l'honneur de l'Etre Suprême. Les différences entre les deux versions nervaliennes de l'anecdote sont intéressantes : dans un cas il s'agit d'un «fatal présage»; la donnée n'a de valeur qu'historique et ne concerne que la destinée de Robespierre; dans l'autre version publiée par la *Revue de Paris* en novembre 1851, la foule «rit beaucoup» de voir la statue «rendue noire comme une Ethiopienne». Cette épreuve par le feu est preuve d'immortalité. L'Ethiopie est le pays de la Reine de Saba, de l'éternelle Balkis. La statue rejoint ainsi, comme par accident, le domaine des Vierges noires, qui figurent, dans la symbolique hermétique, «la terre primitive». La relation de parenté que Nerval reprend, sans la contester ni la modifier, entre le nom de Paris et celui d'Isis, lui permet d'assigner un lieu de présence à une déesse «éternellement jeune et pure» (ainsi qu'il la qualifie dans *Sylvie*).

Ce n'est pas que pour autant la relation triangulaire ville-barque-divinité établie par Court de Gebelin soit absente de la rêverie nervalienne : «J'aime beaucoup Paris, où le hasard m'a fait naître, – mais j'aurais pu naître aussi bien sur un vaisseau – et Paris, qui porte dans ses armes la *bari* ou nef mystique des Egyptiens, n'a pas dans ses murs cent mille Parisiens véritables», écrit-il dans ses *Promenades et souvenirs* (ch. VII). La fidélité à Isis implique que la vie soit un voyage et que la ville vogue comme une barque. Toute demeure évoquée dérive dans le souvenir.

Au contraire de la réflexion de Court de Gebelin qui, partant du nom de Paris, cherche par la voie d'interrogations sur l'origine, propres à son temps, par la voie d'une étymologie symbolique et rêveuse, à remonter jusqu'à ce qui fonde le nom, lui confère une légitimité, il semblerait que Nerval, partant de l'intuition de la pérennité fondamentale d'Isis, se serve à l'inverse du nom pour établir l'importance de la ville comme centre spirituel, comme moderne *omphalos*.

C'est selon ce schéma de raisonnement qu'opérera plus tard, en 1903, Grillot de Givry dans *Les Villes initiatiques*. Il transpose la lecture protestante de Court de Gebelin à l'intérieur d'un catholicisme initiatique. La situation géographique, l'émergence d'une île dans le fleuve, la place du temple dans l'île, la présence d'une statue peuvent naturellement se déduire de la lecture même du nom : «Le mot Paris signifie en effet Bar – Isis, ou vaisseau d'Isis, le mot égyptien *bar* ayant le sens d'enceinte, réceptacle, de tout objet capable de contenir en son sein, vaisseau, etc.» Puis se référant de façon originale au quatre-vingt-seizième livre de l'Histoire de Nicolas de Damas (selon les *Antiquités judaïques* de Flavius Josèphe, liv. I, ch. 3), il rappelle que *Baris* désigne la montagne d'Arménie où se posa l'Arche de Noé : «Bar-Isis est donc la traduction en Druidique savant du mot vulgaire Lutèce qui avait exactement la même signification. La racine *Lo* ou *Lu* désigne en celtique les EAUX, les rivières; et *TEC*, en celte, comme en latin et en grec signifie abri, cachette, couvert, arche, vaisseau (dans le sens de ce qui contient)» (Court de Gebelin, au tome IX de son *Monde primitif* - 1782 - groupe autour de la racine *TEK*, les mots qui expriment la construction, la fabrication, ce qui est *Tekhnê*; pour *Lu* il retient ce qui désigne la lumière, ce qui tendrait à rendre Lutèce moins boueuse).

Une relation s'établit donc entre le nom et le lieu : l'un dit la qualité de l'autre. Une relation s'instaure, par le biais du nom, entre la ville occidentale et son origine orientale, et spirituelle : «Le Bar-Isis n'était donc que la répétition septentrionale de la Thèbes Egyptienne, consacrée aussi à Isis et qui tirait son nom de la Thébaïthe ou arche hébraïque construite par Noah, vaisseau de Sapience» (*Genèse*, VI, 14). On voit la façon dont fonctionne le discours de Grillot de Givry qui propose des relations sans se soucier de justifier les rapports ou de fonder des analogies : une hypothèse répétée devient certitude, le savoir linguistique sert de réserve désordonnée pour bricoler une construction nouvelle, une référence (au bois de l'arche) est donnée comme justifiant une apposition. Le projet n'est pas d'établir une explication nouvelle du nom de la ville, mais une relation imaginaire comme celle qui lie l'anniversaire à l'événement remémoré. L'existence présente de Paris serait métaphorique : elle constituerait une répétition, réactivant une création sans se substituer à elle, puisant sa valeur d'intercession au réseau mythique construit autour d'elle. Pour être ville capitale et *omphalos* secret, la ville doit appartenir à une tradition spirituelle. Tout comme l'initié tient son savoir d'un maître.

Bien que le nom de Paris soit explicable, c'est toujours la barque des mots qui vogue sur la Seine, et c'est Isis que suit Nerval. On aurait aimé que la ville fût tenue pour le lieu du présent, en faisant du nom de Paris, par apocope, le diminutif de Paradis ou, si on y tient, de Paradisis.

Les variations historiques, de Lutèce à Paris, passent pour les représentations, dans le temps, des virtualités incluses dans le nom. Si le nom de Parme évoque simplement celui des violettes, avec toutes sortes d'irisations, celui de Paris se construit pour conforter, ainsi, le sentiment d'une permanence du sacré, et réaliser les desseins éternels de la Providence. Le rêveur lutte contre l'oubli; car le rêve est l'expression de notre désir de retrouver l'origine. Et peu importe la source retrouvée, le rêve est à lui seul sa justification. Celui qui rêve sur les noms n'a de cesse d'entendre en eux un murmure qu'il dira antérieur, comme si remontaient ainsi jusqu'à lui les espérances des races défuntes. Il ne suffit cependant pas que l'amnèse ait été vaincue, et tourné ce qui, dans tout nom de lieu ou de personne, porte en soi d'interdit (en donnant à reconnaître, le nom porte à ignorer : la divinité se protège en jetant de l'eau aveuglante aux yeux des témoins; le nom de Lutèce, par le jeu allitératif, peut être associé à celui de Léthé :

Ce fleuve de l'oubli dont on oublie même le nom mythologique

le Léthé oublié ne cesse de couler

rappelle Raymond Queneau dans *Courir les rues*, 1967). Non, cela ne suffit pas pour que soudain tout l'au-delà soit saisi dans la fugacité du présent. Il faut que, de trace en trace, se constitue un véritable réseau, afin que naisse dans le plein midi de la ville présente une ville imaginaire. Fictif, ce réseau rêveur est une fiction, un récit, le roman du nom. Quand Isis s'entend dans Paris (combien il est navrant pour la rêverie que la consonne finale ne se prononce pas), tout un cortège de villes se lève des berges et processionne du Nil à la Seine. Nous rêvons d'un lieu où la déesse tutélaire se tiendrait, unique sous ses noms multiples, dispensant, avec la grâce de sa présence, la raison et la béatitude. Le nom d'un lieu est donné à tous, nous avons chacun à découvrir son nom secret. Si le nom est commun, le sens en est réservé, comme si la ville entretenait une face diurne et une face nocturne; et qu'il fût possible de parcourir l'espace du nom de façon à construire, dans la ville quotidienne, la ville imaginaire désignée par un nom secret. C'est le trajet d'une vie.

Modèles

Il suffit à la rêverie de s'emparer d'un nom pour faire de chaque consonne un minaret, d'une voyelle longue un lac épandu. Car une ville imaginaire apparaît sous une forme convenue. Il n'existe, pour faire glisser dans l'imaginaire une description, qu'un nombre restreint de références nominales. Celui qui, selon Victor Hugo, dans *La Légende des siècles*, voyait passer les chevaliers errants, «Pensait à ces cités d'or, de brume et d'azur, / Qui font l'effet d'un songe à la foule effarée, / Tyr, Héliopolis, Solyme, Césarée». Quand l'auteur veut nous donner l'illusion que la ville qu'il décrit exerce sur son personnage un attrait trouble et mystérieux, il associe Rouen à Babylone. Jérusalem, Carthage et Rome seront des villes majeures, dont l'importance n'est ni historique, ni économique, mais mythique. Rome est le lieu d'une transmission spirituelle, Londres celui de la rupture religieuse, Paris, celui de la Révolution. Aussi Hugo peut-il les tenir pour celles en quoi se résume «toute l'histoire de la civilisation moderne», comme en Babylone, Carthage et Rome, «l'histoire du monde ancien» (feuilles paginées, II, 1830-1833). Dans les textes les plus divers du siècle se déroulera ce cortège des villes majeures. Athènes, Rome, Babylone, Paris feront entendre le chœur de leurs voix au terme de l'*Ahasvérus* de Quinet.

Comme le voyageur du début du siècle se rendait à La Capitale, à la ville majeure dont le nom n'avait pas à être livré, Rome est l'*Urbs* fondamentale. Si les villes imaginaires font référence à Rome, ce n'est pas pour évoquer sa forme géographique réelle et son image (encore que perdure le mythe des sept collines: «Quelle étrangeté que d'enclore l'idée d'empire universel dans un nom de ville!» s'exclame Julien Gracq dans *Autour des sept collines*, 1988) mais sa description intellectuelle et spirituelle théorique : le croisement des axes est-ouest, nord et sud, le *decumanus* et le *cardo*, détermine des quartiers et fixe un point central d'équilibre et de pivotement. Cette seule référence à Rome sera suffisante pour installer la ville imaginaire au centre des forces qui se partagent l'espace. Si bien que sa puissance n'appartient pas au règne de la quantité mais de la qualité, car le soleil la frappe en se levant ou en se couchant, qu'on garde les yeux sur les glaces ou sur les sables. De ce seul fait, l'usage de l'espace et celui du temps sont différents dans la ville imaginaire. Et les fortifications, dont nous la voyons se protéger dans toutes les descriptions, n'ont pas pour objet l'esthétisme, ni la pratique guerrière; leur présence joue le rôle de frontière sacrée, tient lieu de *pomerium*; tracé autour de la ville en souvenir d'un sillon premier, il est un territoire que les puissances telluriques, chtoniennes, infernales rendent symboliquement infranchissable. Quiconque outrepasse l'interdit, se trouve «voué aux divinités souterraines et doit être aussitôt mis à mort, car la souillure qu'il a ainsi contractée en fait une menace pour la collectivité». Dans son étude sur *Les Villes romaines* (1954), Pierre Grimal rappelle qu'avant d'être un lieu de refuge, «la ville romaine est un centre sacré».

Le partage horizontal de l'espace en des quartiers symboliques de l'activité humaine, qui a trait à la production, à la défense, à la gestion et à la méditation, se complète d'une division verticale : la ville plonge, comme un arbre, jusqu'au domaine des dieux infernaux et s'élève en sa partie haute jusqu'au Capitole, où règnent les dieux qui voient tout. La rêverie fait de cette direction une échelle de l'esprit, déplaçant ses figures du plus profond des entrailles du cauchemar, vers les hauteurs aux couleurs légères, où tout est clair à chacun. La ville est un complexe d'espaces concentriques : du plus circonscrit, par les murs, au plus large, que détermine sa réputation, par une série de domaines intermédiaires que caractérisent les ravitaillements, les échanges monétaires, les dieux reconnus pour tutélaires, Jupiter, Mars et Quirinus, selon la tripartition de Georges Dumézil, l'un gérant la représentation religieuse, l'autre la défense, le dernier les zones industrielles. Ces espaces symboliques se réduisent, dans la représentation littéraire, à des oppositions simples : ceux du monde privé et ceux du monde public, ceux qui sont lieux de séjour et ceux qui sont domaines de passage; dans la disposition peuvent s'opposer le convergent et le divergent, le centre coercitif et la forme explosée; dans l'ornement, la concordance et la discordance (si, dans la structure, la cohérence est un signe valorisant, elle est représentée au niveau de l'ornement par le syncrétisme). La description de la ville joue de l'opposition de deux paradigmes, celui du clos et celui de l'ouvert, du centré et du vague, du fixe et du divers, de la culture et de la nature. Ces espaces, qui s'articulent différemment pour chacun dans la ville réelle, ont aussi des valeurs affectives diverses, que créent des rapports de classes ou des souvenirs amoureux. Ne s'oublie pas le fait que la ville doit satisfaire à la nécessité, être commode, donner du plaisir. Cette déclinaison d'éléments prend forme de récit, par le biais d'une promenade qui énonce des relations d'échanges (des biens, des personnes, de l'information), place en relation de contiguïté ce qui demeurerait dans une réserve d'équivalences. Ce qui, dans la ville réelle, est perçu comme contrasté devient dans la ville imaginaire identique : l'espace y est également valorisé par une description, qui ne se veut pas axiologique mais accorde le même crédit à tout élément, évite une mise en perspective morale, puisque tout est perfection. Ce n'est plus faire voir qui importe, mais donner l'impression de l'uniforme présence d'un sens retenu. Nulle indication matérielle qui, en ce qui concerne la ville imaginaire, ne soit de valeur spirituelle : «De l'opération du chiffre Trois, qui est comme l'âme, sur le chiffre Quatre, qui est comme le corps, fait de quatre directions, il résulte le nombre Douze, qui est celui de la plénitude. Ou, si l'on veut, le triangle agit sur le carré pour aboutir à la sphère.» (On peut garder le regret de n'avoir rencontré nulle ville parfaite en ses nombres comme le triangle isocèle, ni ovale, pour évoquer l'œil et le double foyer des révolutions, ni construite en dérivés mathématiques pour rappeler que la vie est toujours asymptote au désir.) Certes les formes s'inscrivent partout les unes dans les autres, comme les langages circulent à l'intérieur des langages, les sens prolifèrent sur les sens. Le propre des villes imaginaires est de faire que le nombre n'y indique pas une grandeur mais soit signe d'un autre degré de pensée, que l'allusion à une ville littéraire, Jérusalem ou Rome, ne constitue pas un ornement mais une entrée au monde communicant du mythe.

Outre Rome, Jérusalem est la seconde ville à donner aux évocations imaginaires certains de ses traits représentatifs. De forme carrée, avec ses douze portes, selon la description qu'en donne l'*Apocalypse* de Jean, elle est picturalement représentée sous forme ronde. Et c'est de la forme picturale que sont issues les plus nombreuses évocations littéraires postérieures, comme si la symbolique du carré et du cercle éclipsait toutes les autres. Dans la *Christianopolis* d'Andreae, les formes carrées s'inscrivent les unes dans les autres, tandis qu'une croix aux branches égales les traverse : les demeures, les passages, les espaces clos, les lieux ouverts, le sanctuaire, le sentier profane sont similaires, en fidèle image de la Jérusalem décrite par Jean. Projection sur terre de la ville céleste (car il s'agit de ce que l'on porte dans le cœur, et non de ce que les yeux peuvent voir), Jérusalem a une forme parfaite : carrée, faite de quatre carrés dessinant une croix, ou circulaire dans un monde sphérique, ses portes et ses tours sont une constellation. L'enceinte qui la clôt est triple, comme l'écho de son centre, où s'émet dans tout le cosmos l'énergie rédemptrice. Toute ville imaginaire, même si elle ne retient pas, en son évocation, le nom de Jérusalem, est symboliquement une Jérusalem, car elle tend à faire de la ville la représentation figurée d'une vision de l'univers spirituel.

Suivant les siècles, ces images changeront : contre les villes tortueuses et malodorantes du moyen âge seront rêvées des cités aux voies droites et claires; contre les villes géométriques, les dédales protecteurs, les coquilles spiralées de demeures idéales. Mais se maintiennent des organisations dominantes : celle du croisement perpendiculaire, avec toutes les libertés complémentaires de subdivision et de multiplication, celle de la forme ronde avec ses possibilités de redondance (dans une île, une rivière encercle une ville dont le centre est une tour ronde) ou de cheminement. Car le labyrinthe n'est pas nécessairement égarant : il tend seulement à conduire à sa propre rencontre celui qui le parcourt, et à l'inciter à se confronter au dieu et au monstre en lui; il peut figurer la voie qui, de l'entrée vers un centre rêvé et désiré, représente la trajectoire d'une vie.

A ces deux références, réelle et mythique, Rome et Jérusalem, il faut adjoindre un plus vaste et plus vague domaine, représenté par le seul nom de l'Orient. Reprenons la page où André Gide, en 1893, dans *Le Voyage d'Urien* décrit une ville mirage. Il le fait à la façon des récits de voyages imaginaires, comme on vogue avec Saint-Brendan d'île en île liturgique, ou, avec quelqu'un qui fut plus proche de Gide, avec Alfred Jarry; accompagnant le Docteur Faustroll dans son roman néo-scientifique, il pérégrine de Paris à Paris par mer, faisant escale dans les plus belles îles de la littérature et de l'art à la fin du XIXe siècle, jusqu'à l'île de Ptyx où on «n'apercevait plus les accidents des choses mais les substances de l'univers». La page de Gide retrouvée, suivons sa description, qui doit une part de sa forme à la vieillesse du siècle : «Derrière nous commençait l'aurore, et tandis qu'elle montait les brumes s'écartèrent.»

Jetée sur la plaine à la façon de dés, la ville est autonome. Cependant les minarets renvoient aux clochers, l'ailleurs à l'ici. Séparée de l'espace environnant, comme une illusion de l'esprit dans les sables du quotidien, la ville imaginaire est construite en correspondance avec celles que nous habitons. On pourrait en cela la rapprocher de certaines œuvres d'Elstir où, selon le narrateur de *A la recherche du temps perdu*, sont peints de véritables mirages : «Un château coiffé d'une tour apparaissait comme un château complètement circulaire prolongé d'une tour à son faîte, et en bas d'une tour inverse, soit que la pureté extraordinaire d'un beau temps donnât à l'ombre qui se reflétait dans l'eau la dureté et l'éclat de la pierre, soit que les brumes du matin rendissent la pierre aussi vaporeuse que l'ombre.»

L'idée de l'existence d'un paradis dans une autre vie, dans un autre monde, ne se fait insistante qu'à partir du moment où il faut renoncer, dans les sens et dans l'esprit, à trouver en ce monde un lieu où vivent des corps sans organe, dans la transparence des sentiments et des pensées. L'inventaire du monde, le quadrillage de sa surface, de Tombouctou à Otahiti, marqua la fin de toute espérance. Les pèlerinages ou les voyages vers les îles fortunées ont le même but : trouver pour cette vie un havre de grâce. Lorsque l'espérance du paradis est reléguée hors de cette vie, et lorsqu'il faut se tenir pour irrémédiablement voué au manque, au défaut et à l'inaccomplissement, alors, comme un rêve collectif qui prendrait cette voie détournée pour se dire, l'image d'une ville imaginaire se dessine dans la description de la ville réelle, l'investit par une inversion des signes de l'ici-bas et de l'au-delà, à la façon d'Elstir qui pour peindre «le port de Carquethuit» n'emploie «pour la petite ville que des termes marins, et que des termes urbains pour la mer». Cet échange permet à la ville imaginaire d'emprunter ses couleurs à la ville réelle tandis que la ville réelle, nous devient habitable parce que nous décelons en elle les traces, ou les prémices, d'une ville imaginaire.

Ce monde meilleur, qui apparaît dans la méditation d'une façon plus précise que dans la perception, cette sorte d'arrière-pays mental et rêvé de la littérature, on le voit figuré avec constance dans les textes sous les couleurs sémantiques de l'Orient. Dans la description d'André Gide est ainsi évoquée avec insistance une contrée de l'esprit : la pléthore de termes renvoyant à l'Orient n'a pas pour but de procurer au lecteur une illusion visuelle mais de signifier une totalité. Certes, cela n'est pas particulier à Gide. Lorsque Vigny décrit Paris, dans une «Elévation», il mêle deux champs lexicaux, celui de l'architecture occidentale et celui des images de l'Orient :

> Des ombres de palais, de dômes et d'aiguilles,
> De tours et de donjons, de clochers, de bastilles,
> De châteaux forts, de kiosks et d'aigus minarets,
> Des formes de remparts, de jardins, de forêts,
> De spirales, d'arceaux, de parcs, de colonnades,
> D'obélisques, de ponts, de portes et d'arcades :
> Tout fourmille et grandit, se cramponne en montant,
> Se courbe, se replie ou se creuse, ou s'étend.

Si l'indication des «spirales» évoque le monde de Piranèse, toujours présent à l'imagination romantique, et souligne la composition tournoyante de la description, le mot «obélisque» renvoie au rêve égyptien, comme la graphie «kiosk» à l'origine perse du terme. La même terminologie se retrouve dans la neuvième vision de *La Chute d'un ange;* la vue aérienne de la Tour de Babel implique la présence cumulative de palais, de pyramides, d'

Obélisques taillés dans un bloc seulement
Arrachés de la terre ainsi qu'un ossement,

d'aiguilles, d'arcs et de minarets.

Au pèlerinage à Jérusalem, au cours du moyen âge, s'est substitué le voyage à Rome indispensable aux humanistes. Le centre spirituel du monde se déplace; l'origine de toute chose n'est plus cherchée dans la même région. Au XVIIIe siècle, il semble que résoudre le mystère égyptien, celui de la langue figurée et celui des sources du Nil, serait dénouer celui de nos origines. Le paradis est un lieu de plus en plus éloigné dans l'espace (le Nil rétractant continûment ses sources) et dans le temps (les mots gardent trace en eux des choses que leur profération fit exister). Au XIXe siècle, la quête se dirige vers l'Orient; Chateaubriand, Lamartine, Nerval, Flaubert voyagent vers les mêmes lieux dans des esprits différents. Se diriger vers l'Orient, c'est aller vers la naissance de la lumière; et, remontant le cours d'une journée de vie, retrouver l'énergie première de l'apparition. C'est aussi aller vers le lieu où l'homme entendit pour la première fois la voix de Dieu. Et dès lors, ce lieu relève de l'absolu : il est celui de la fixité des croyances, quand l'Europe est dans la mobilité et la dispersion. Il est celui des vérités primordiales, contre le pragmatisme.

A ces valeurs spirituelles – qui sont celles du désert et du dénuement – il faut adjoindre celles de la magnificence et de la somptuosité, don des Mages. Dans sa très importante *Bibliothèque orientale*, Barthélemy d'Herbelot de Molainville parle de Giauher-Abad comme de la ville des pierreries. «C'est une ville fabuleuse que les Romans Persiens et Turcs disent être la capitale de la province de Schadoukiam qui est proprement le pays que les Italiens ont appelé la Cancagna» (Paris, 1697). Pour retrouver l'origine du sentiment que l'Orient est une réserve de trésor, sans doute faudrait-il remonter bien au delà de l'*Histoire universelle* de Diodore de

Sicile. Parlant de la ville à laquelle Cambyse donna le nom de sa mère, Meroé, il la décrit comme le lieu de toutes les richesses : «on y trouve des mines d'or, d'argent, de fer et cuivre, une grande abondance de bois d'ébène, et toutes sortes de pierres rares et précieuses» (traduction de l'abbé Terrasson, Paris, 1737, t. I, L. I, sect. 1, ch. 19). Si les premiers éléments appartiennent de façon plausible à une description géographique, les dernières indications ajoutent moins une information qu'elles n'ouvrent sur le rêve du fabuleux. Ancrée sur une terre de richesse, la ville devient l'expressions somptueuse du sol. Les voyageurs en Patagonie doivent avoir vu des géants pour que leur voyage devienne crédible pour ceux qui, n'ayant pas quitté l'Occident, savent bien mieux ce que cachent d'extraordinaire les terres en bordure des pôles; de la même façon, pour mériter l'attention de ceux qui ont lu Ctesias de Gnide ou Pline l'Ancien, ou de ceux que les récits légendaires ont fait rêver, Marco Polo trouve à Ceylan, «des saphirs, des topazes, des améthystes et maintes autres pierres précieuses»; à Cipango «l'or abonde outre mesure»; l'usage de l'or est, sous ces climats, l'équivalent de celui du plomb à nos latitudes. Villehardouin et les croisés qui entrent à Constantinople voient en toute bonne foi la ville comme une miniature enluminée. L'assurance est si grande que, si notre lieu est celui de la pauvreté, il est nécessaire qu'il y ait au monde un monde de la richesse : pour faire croire à la véracité de sa *Description de l'île Formosa en Asie* (Londres, 1704; Amsterdam, 1705), où il n'est jamais allé, Psalmanaazar couvre d'or une bonne partie du palais du vice-roi. Si bien que Voltaire ironisera sur cette attente imaginaire et cette prévisibilité du texte, en évoquant dans la ville d'Eldorado «une maison fort simple, car la porte n'était que d'argent, et les lambris des appartements n'étaient que d'or [...]» (*Candide*, ch. XVIII). En 1758, Voltaire considère avec ironie la longue rêverie sur les villes littéraires, et fabuleuses : «On leur fit voir la ville, les édifices publics élevés jusqu'aux nues, les marchés ornés de mille colonnes, les fontaines d'eau pure, les fontaines d'eau rose, celles des liqueurs comme du sucre, qui coulaient continuellement dans de grandes places, pavées d'une espèce de pierreries qui répandaient une odeur semblable à celle du girofle et de la cannelle.»

La dilapidation de la richesse va à l'encontre de la notion occidentale d'économie; la notion de valeur s'en trouve transformée. Pas seulement la valeur fiduciaire, mais également celle que l'on accorde à la raison. L'Orient est le domaine du merveilleux : Marco Polo y a vu voler l'oiseau-roc. Il confirme l'existence de la licorne, dont parleront, en témoins, Claude Duret, Claude Champier, André Thevet, dans leurs tribulations. Le père Huc, dans son *Voyage au Tibet* lui consacrera une page. Ce qui est, ici, néfaste devient là-bas heureux, dans un monde inverse : toutes les signatures sont honorées. C'est-à-dire que les ressemblances entre les plantes et les organes, d'où la médecine de Paracel se tire sa théorie des «signatures», assurent une action bénéfique : le haricot soigne le rein, la saxifrage disloque les calculs. Les prodiges et les enchantements sont la loi quotidienne. Insidieusement l'Orient devient le signe de la transgression : la morale se met en accord avec la nature, le désir s'exprime librement (on sait combien les récits de voyage seront utiles à Montaigne pour justifier sa mise en cause des coutumes). Un récit raconte le rôle joué par le Vieux de la Montagne pour perpétrer ses meurtres : il octroie à ses fidèles le droit d'habiter un jardin où tout leur est accordé, les fruits et les corps; privés de ce domaine, ils s'en souviennent comme d'un rêve et sont prêts à n'importe quelle action pour y retourner. On songerait à un apologue : le souvenir rêvé d'un jardin imaginaire ne nous quitte pas dans la brume et l'asphalte. Les cités se créent pour conserver ce feu, que l'on va chercher sans fin dans l'Orient en feu.

Qu'il y ait ainsi fascination, et mystification, de l'Occident par l'Orient, cela ne serait si vif si ne se liait à la volonté de connaissance une intention de provocation. Dans son *Enquête*, Hérodote d'Halicarnasse s'étonne que les Barbares et les Grecs n'aient pas eu d'échange : «Ainsi, par une curieuse rencontre, ni les Barbares n'osaient s'aventurer vers le couchant plus loin que Samos, tellement ils avaient peur; ni les Grecs, malgré les pressantes invitations des réfugiés de Chio, plus loin vers l'Orient que Délos. Et la crainte laissait entre eux un grand espace libre.» Ce ne sont point seulement deux peuples et deux politiques qui ainsi se gardent à distance. Deux visions du monde évitent de se confronter, sachant que l'une ne s'éprouve que dans la résistance de l'autre. Mais en même temps il semble que le désir n'ait pas besoin de la loi pour poser une limite à sa réalisation : à chaque exploration une borne est mise au-delà de laquelle on n'osera pas aller. En poursuivant on encourrait le risque de désagrégation.

L'Orient, ainsi vaporeusement désigné, est une entité géographico-linguistique de plus en plus lointaine, allant du proche à l'extrême. Ce qui est naturel puisqu'il s'agit de remonter le cours de la lumière, quotidienne, généreuse et créatrice. Mais si le Soleil est un être vivant, comme le rapportent Restif, et Nerval avec la plus grand émotion dans *Aurélia* («Dieu, c'est le soleil»), le mouvement de quête ne devrait-il pas conduire le rêveur vers l'Extrême-Occident, comme vers quelque demeure du Père au-delà des îles du soir, des Hespérides vertes ? En revanche, se tourner vers l'origine de la lumière, comme vers une source, n'est-ce pas rêver d'un retour ? Tout se passe comme si du côté de la mort, parce qu'elle est inéluctable, il n'y avait pas de secret qui fût interdit, mais que du côté de l'origine et de la naissance il y ait autant de fascination que de répugnance à aller voir. Toute ville imaginaire est teintée des couleurs de l'Orient pour dire qu'elle est située en un lieu du secret. Comme un mirage à la limite de l'effacement, elle n'est protégée de l'évanescence que par l'interdit. Telle est sa fascination : elle n'est rêve qu'au réveil.

Ordonnance

La sphère et le cube

Les villes imaginaires se concentrent sur leur nom, se déploient en descriptions. Ce qui est désigné par le terme d'*ordinatio*, et qui concerne en architecture la combinaison des parties de l'ouvrage, ne l'emporte pas, en elles, sur la présentation des détails, sur la *dispositio*. Cependant, du fait de l'absence de banlieues, de centres de production ou de consommation, car les besoins des corps sont légers et secrets, ces détails restent des ornements de style, et c'est de la disposition des éléments, de l'*ordinatio* de la description que l'on peut induire tout d'abord une représentation du monde. La forme de la ville est liée à une idée du monde qu'elle illustre, à une idéologie qu'elle défend, à la psychologie qu'elle réduit.

Les villes naissent symboliquement d'un crime ou plus prosaïquement d'une volonté de profit : l'une au carrefour de voies commerciales, l'autre en un lieu de pèlerinage. « Paris, capitale du Royaume, dans son développement égal et concentrique, multiplie, en l'élargissant, l'image de l'île où il fut d'abord enfermé. Londres, juxtaposition d'organes, emmagasine et fabrique. New York est une gare terminus... », constate Paul Claudel dans *Connaissance de l'Est*. Il y a conflit entre les villes et, à l'intérieur même des villes, où les classes s'affrontent sous la forme d'architectures confortables ou de lieux réduits, de demeures centrales ou de logis excentrés. Gabriel Tarde oppose des cités centralistes, qui sont des cités ouvrières, et des cités fédéralistes qui sont des cités artistes, à la façon des cités libérales et des cités cellulaires «dont les premières prétendaient faire prévaloir l'amour libre, indéfiniment fécond, et les secondes, l'amour sagement réglementé». Les formes sont les expressions visibles d'une morale.

Le carré a passé pour la forme de la perfection : il est celle de la Jérusalem céleste décrite par saint Jean et Ezéchiel; il est celle de Pékin construite à l'image de la terre. Pouvant s'étendre à l'infini par la répétition de sa propre forme, la ville à plan carré réalise, à la façon d'une quadrature spirituelle, cette forme, habituellement circulaire, imaginée pour Dieu dont le centre est multiple et la limite insaisissable. S'inspirant du Dr H. Arthus, Pierre Mabille, dans son *Test du village* (1945), fait du choix de la forme carrée ou circulaire, pour la construction fictive du village, l'indice de pulsions : celle de ne pas composer, de demeurer intransigeant, de défendre la notion de système, s'affirme par la construction en carré, tandis que le côté infantile, égocentrique préfère le cercle. De la même façon les directions, si soigneusement mentionnées dans les descriptions des villes, permettraient d'associer au nord (puisque notre habitude est de le placer dans la partie supérieure de la carte) l'idéal, au sud l'inconscient, à l'est l'avenir, à gauche le passé. D'autres interprétations des directions sont possibles suivant les langages utilisés : Paul Claudel interrogeant l'*Apocalypse* (1952) ordonne religieusement les douze portes : «Le Nord ou le Zénith est la direction de la Foi. Le Midi ou le Nadir est au fond de l'humilité, la Charité étroitement qui adhère à son principe.» Dans cette représentation verticale de l'espace, l'Orient est l'espérance et le couchant l'acquiescement. Dans «Vendémiaire», à la fin d'*Alcools*, Apollinaire donne des valeurs affectives aux directions d'où, vers Paris, converge l'esprit des villes : au nord de la réalité s'oppose le sud maternel, à l'est mystique l'ouest légendaire; comme pour André Gide, dans *Les Nourritures terrestres* (L. 6), les villes du nord ordinairement adonnées au travail, et à la loi, font pendant aux villes lascives du sud. Dans son examen des *Symboles fondamentaux de la science sacrée* (1962), René Guénon rappelle l'association du temps et de l'espace : le nord et le sud coïncident avec les solstices d'hiver et d'été, l'est et l'ouest avec les équinoxes de printemps et d'automne. Considérer l'espace comme orienté, c'est déjà le considérer comme un élément d'un texte plus vaste qui permet seul de l'organiser et de le parler.

La ville imaginaire est volontiers présentée comme une ville de l'esprit. Un peu visionnaire, M. Teste aurait su la rêver. Elle sera décrite comme régie par les nombres. Les villes où se déroulent les utopies, celles de Platon, de Thomas More, de Campanella, sont construites sur des données numériques. Des formes géométriques pures et simples, comme la circonférence et la sphère, le carré et le cube, sont l'indice de leur perfection. Elles ne sont atteintes en rien par l'anarchie dissymétrique de la vie, ni par les improvisations sensibles. Pour C. N. Ledoux, les formes régulières sont les formes fondamentales de l'urbanisme : «Le cercle et le carré, voilà les lettres alphabétiques que les auteurs emploient dans la lecture de leurs meilleurs ouvrages» (*L'Architecture*, 1804). L'une a pour modèle les enceintes circulaires de l'Atlantide, telles que les évoque Platon dans le *Timée*, puis dans le *Critias*; l'autre, l'organisation du camp romain, traversé par un axe nord-sud, le *cardo*, et par un axe est-ouest, le *decumanus* (avec au croisement la tente du préteur dirigée vers la porte prétorienne à l'est). On peut évoquer, plus anciennement, l'œuvre d'Hippodamos de Milet, à qui serait due l'obsession urbaine de l'angle droit, célébrée musicalement par Mondrian dans *Broadway Boogie-Woogie*. Ces deux constructions se trouvent confrontées par Jules Verne dans son roman de 1879, *Les Cinq Cents Millions de la bégum*. L'une est appelée France-Ville : «les rues croisées à angles droits sont tracées à distances égales, de largeur uniforme, plantées d'arbres et désignées par des numéros d'ordre». Ce plan, simple et régulier, permet à la ville de se développer de façon égale et uniforme. Tout y est organisé pour que règne l'égalité : les maisons de deux étages sont en brique, séparées de la rue par un parterre de dix mètres et entourées de jardins identiques. Il y aurait là une contrainte trop forte si la liberté ne se manifestait par un droit à l'ornementation des façades. Les organisations intérieures sont codifiées en vue d'une hygiène meilleure : les cuisines sont à l'étage supérieur pour communiquer directement avec les terrasses. A l'intérieur, pour des raisons sanitaires, les tapis et les papiers peints sont interdits, et pour des raisons de confort une cheminée est imposée dans chaque pièce. Jules Verne réalise ce qui définit, pour l'*Encyclopédie*, une «belle» ville : que les rues soient perpendiculaires les unes aux autres, que leur grandeur soit proportionnelle à celle des demeures. «Dans le concours des rues, on pratique des places dont la principale est celle où les grandes rues aboutissent; et on décore ces places en conservant une uniformité dans la façade des hôtels ou maisons qui les entourent, et avec des statues et des fontaines.»

Les édifices nationaux sont de pierre de taille : c'est une rare diversité admise dans la ville. Car les autres éléments du décor, comme les jardins publics, et les «belles copies de chefs-d'œuvre de la sculpture», sont disposés avec régularité aux carrefours; et on peut craindre que le souci d'égalité n'entraîne à placer les mêmes fleurs et les mêmes figures jusqu'à faire de la ville l'image multipliée d'elle-même, le lieu de la répétition égarante. Dans l'esprit de son constructeur, le fait que l'organisation de la ville réponde à d'impératives nécessités d'hygiène (le «mauvais air» des villes est la cause de la tuberculose) est moins important que son aspect de ville ouverte à toutes les expansions, sans qu'aucune puisse modifier son caractère propre, qui est de juxtaposer et d'articuler des unités identiques. Jules Verne songe à une ville républicaine, et son modèle est celui des couvents et des utopies, qui ne redoutent rien tant que la liberté, la singularité, l'imprévisibilité. Leur idéal est l'uniformité. Dans son étude *Les Jeux et les hommes* (1958), Roger Caillois oppose les civilisations du «tohu-bohu», où dominent des jeux basés sur le vertige et le simulacre, et celles de la «comptabilité», où dominent le hasard et la compétition; il considère comme une nécessité le passage du premier au second type : «Le règne de la *mimicry* et de l'*ilinx*, comme tendances culturelles reconnues, honorées, dominantes, est en effet condamné dès que l'esprit parvient à la conception du Cosmos, c'est-à-dire d'un univers ordonné et stable, sans miracle ni métamorphose. Un tel univers apparaît comme le domaine de la régularité, de la nécessité, de la mesure, en un mot du nombre» (ch. VIII). Mais cet univers serait celui de la contrainte absolue s'il n'arrivait aux nombres de devenir fous, aux corps d'imposer leurs exigences. Ce qui domine dans le modèle conventuel, de Campanella aux socialistes du XIXe siècle, c'est l'idée que l'égalité interdit la diversité ; l'idéal du monde utopique est l'équivalence : une cellule est strictement identique à toute autre de façon à produire un être permutable avec n'importe quel autre. Pour qu'une telle vision s'élabore, sans doute faut-il que le monde soit conçu comme une vaste mécanique, aux éléments dénombrables, aux mouvements prévisibles. Mais au monde de saint Thomas, clos sur ses dernières étoiles fixes, on peut préférer la vision de Giordano Bruno, où chaque étoile est un nouveau soleil ; et rêver de perturber le nouveau monde de Newton de quelque mouvement brownien.

Certes, Jules Verne demeure soucieux, en construisant le schéma de France-Ville, de défendre les droits de la personne contre l'hégémonie du pouvoir, d'instaurer la propriété contre la dépossession. A France-Ville s'oppose comme un nom à l'autre, la ville de Stahlstadt : un peu accueillant chemin de ronde, où se promènent des sentinelles, attend le visiteur. Ce chemin n'est qu'une des multiples enceintes circulaires qui déterminent la configuration de la Cité de l'Acier : «Celle d'une circonférence dont les secteurs, limités en guise de rayons par une ligne fortifiée, étaient parfaitement indépendants les uns des autres, quoique enveloppés d'un mur et d'un fossé communs» (ch. V). L'accès du bloc central, au centre de cette roue, est interdit. La transcription visuelle de la description de Jules Verne ferait apparaître la forme traditionnelle du labyrinthe crétois : au centre «était la Tour du Taureau, sorte de construction cyclopéenne qui dominait tous les bâtiments voisins» (ch. VII).

Le carré, dans cette représentation, a une valeur bénéfique : tout fragment est semblable et égal à tout autre fragment urbain. La puissance maléfique de la forme circulaire est celle de la toile d'araignée : la bête épie et dévore. Elle représente deux menaces, celle du monstre, le Minotaure à quoi on doit en venir un jour à se confronter. Et celle du perpétuel regard, en quoi Victor Hugo dans «La conscience», ou Jérémie Bentham dans le *Panoptique* (1791) voyaient une expression de la terreur ou de la punition. Car le cercle peut être le signe de la perfection spirituelle ; mais il est aussi la forme prêtée à l'enfer et aux autres mondes, par Dante, et une figure pratique pour une prison, construite en amphithéâtre circulaire, autour d'un surveillant omnivoyant. Les valeurs attribuées par Jules Verne aux formes des deux villes sont évidemment propres à une idéologie quelque peu révolutionnaire; Jules Verne prend ses distances à l'égard d'une perfection autoritaire et lui préfère l'égalité humaine. Mais le jeu d'opposition des deux formes permet de leur prêter d'autres valeurs.

Une part du roman philosophique *Aline et Valcour* de D.A.F. de Sade est consacrée, suivant la structure du roman enchâssé, à l'«Histoire de Sainville et de Léonore». Parti à la recherche de Léonore enlevée à Venise, Sainville traverse l'Afrique, suit la route du Cook, parvient à l'île de Tamoé. Zamé la dirige et impose à toutes les villes de son territoire, comme Thomas More en celui de *L'Utopie*, un modèle unique : la ville est parfaitement ronde ; les maisons uniformes sont alignées sur des rues régulières, faites de sable fin, bordées d'arbres et de trottoirs. Les façades sont peintes, «en couleur de rose et en vert». Mais l'essentiel, symbolique, est la répétition au centre de la ville de la forme circulaire, sous l'aspect de bâtiments officiels disposés «sur une assez grande place d'une parfaite rondeur». La ville est idéale comme la société que Sade imagine : l'égalité en est la règle, et donc la permutation des êtres dans les groupes, dans les lieux doit être constante. Les micro-sociétés n'y peuvent être tolérées ; la pédérastie et l'inceste ne sont pas interdits pour des raisons morales mais sociales. L'une et l'autre risqueraient de créer des liens secrets, quand les enfants sont élevés par l'Etat pour n'être fils de personne.

A l'inverse de cette cité du bien philosophique, se découvrira le monde anthropophage de Batua. Aux environs du Cap-nègre, entre Benguelé et le royaume des Jogas, Léonore à la suite d'une tempête échoue en un monde où le libertinage est la loi. La ville est «une espèce de bourgade construite avec régularité». Faut-il entendre «sur un plan carré», ou, plus simplement, de façon ordonnée ? Sade ne pousse pas plus loin l'affrontement descriptif des deux villes. Car il semble que ce n'est pas à Batua qu'il envisage d'opposer Tamoé, mais à l'Occident. De retour en Europe, Léonore est recueillie par des bohémiens : ce sont les égaux des philosophes du Pacifique, mais il n'y a pas pour eux de villes où s'établir, pas de demeure pour le peuple errant. Ce qui devient imaginaire, ce n'est plus seulement la ville et l'utopie, c'est l'installation des philosophes sur un point du globe, la fin de leur exclusion des villes.

Dans son ouvrage, *1789. Les Emblèmes de la raison* (1973), Jean Starobinski rappelle que toute cité utopique est régie par les lois d'«une simple et stricte géométrie. Sa forme régulière – quadrangulaire ou circulaire – rend possible tantôt une subdivision en parties rigoureusement égales et juxtaposées, tantôt une parfaite symétrie des éléments périphériques dominés par un centre omnipotent : égalité dans l'indépendance ou égalité dans la dépendance». Jules Verne confère aux formes de ses villes des valeurs politiques : France-Ville est le domaine de l'égalité, mais Stahlstadt le lieu de la dépendance inégalitaire. C'est que par rapport aux villes qu'évoque Jean Starobinski et qui ont été rêvées antérieurement à 1789, s'est produit l'événement considérable qu'est la destruction du centre symbolique de la société, la condamnation à mort du roi. Il y a un centre lumineux, que symbolise quelque construction sacrée, un *omphalos* qui serait une réserve d'énergie; mais qui peut demeurer vide, comme lieu même de l'absence, de l'interdit, car si sa force est présente nulle figuration ne peut en rendre compte. A cela s'oppose l'image nocturne du centre, qu'occupe un Minotaure ou un échafaud. Le propre des villes à plan carré est d'abolir cette notion de centre unique en le multipliant à tous les carrefours. Le centre a semblé longtemps le seul principe coordinateur des forces spirituelles (le Dieu unique), des tensions politiques (le roi de droit divin), des dispersions linguistiques (la langue de la cour); or il n'est qu'une vision, d'essence théologique, parmi d'autres. Certes il faudra longtemps pour que l'irrégularité, pour que le recours aux formes du «tohubohu», éliminés comme des expressions de la disparate, puissent se réintroduire, se développer, se faire réseau et rhizomes ou qu'à l'image du chêne se substitue celle du banyan. La multiplicité est tenue pour une forme du mal, dont le nom fut légion, et l'unité pour une valeur sûre. L'Un chute dans le Deux, et le globe céleste dans la disparité terrestre. L'esprit veut tout ordonner. Et le socialisme n'est pas l'anarchie. Dans un «roman philosophique et social», *Voyage et aventures de lord Carisdall en Icarie* (1842), Etienne Cabet associe habilement les formes rondes et carrées. Au milieu de la ville, circulaire, le fleuve Taïr se partage en deux bras, entourant une île, circulaire, avec au milieu un palais, «au centre duquel s'élance une immense colonne surmontée d'une statue colossale qui domine tous les édifices». Deux cercles de places, circulaires, entourent la place centrale, elle-même circulaire. Bien entendu, cette répétition de la forme symbolique constitue déjà une réduction de sa valeur. Mais en quadrillant l'espace entre ces circonférences concentriques de cinquante rues larges et droites parallèles et perpendiculaires à la rivière, Cabet semble traiter avec ironie les traditionnelles organisations des villes utopiques. Encore que cette réduction des contraires soit conciliable sur le plan du sens, le cercle et le carré résumant l'univers, et la ville devenant le modèle d'un cosmos enfin réduit aux règles de l'intelligible.

La multiplication des indications de convergence et de symétrie dans les descriptions de ces villes rappelle à la fois les jardins à la française et les décors de théâtre qui jouent des effets de perspective. Les traités qui les étudient sont fréquents au XVIe siècle, du *Livre de perspective* de Jean Cousin, à Paris, en 1560, à *La Perspective, avec la raison des ombres et miroirs*, à Londres, en 1612, par les *Leçons de perspective positive* de Jacques Androuet du Cerceau à Paris, en 1576. Mais plus que ces traités d'architecte qui rêvent d'arracher la ville à l'anarchie des constructions passionnées, ce sont sans doute les décors de théâtre, inspirés des effets d'optique et du *De re aedificatoria* (1485) d'Alberti, qui font rêver les écrivains.

Ces constructions obéissent à de strictes lois numériques afin que des éléments divers s'ordonnent à partir d'un point de vue. Le règne des nombres est celui de l'intelligible. Les descriptions de villes imaginaires multiplient les indications numériques. La précision détaillée de ces nombres n'a pas pour seul objet de nous donner l'illusion que ce dont le texte nous parle a été métré; ils ne se combinent pas non plus pour, tout uniment, évoquer la perfection du nombre d'or. La ville imaginaire se voulant le résumé figuré de notre savoir du monde, elle sera fréquemment découpée selon les nombres par lesquels nous découpons l'espace et le temps, le 4 des points cardinaux, le 7 des jours et des planètes, le 12 des mois. Qui sont aussi le nombre des vertus ou celui des apôtres. C'est la figure de l'hexagone que Rabelais, au chapitre 53 de *Gargantua*, retient pour organiser l'abbaye de Thélème. Aux angles sont six tours de soixante pas, ce qui impose d'adjoindre aux quatre directions de l'espace traditionnelles, à la tour Artice pour le Nord, à l'Anatole pour l'Est, à l'Hespérie pour l'Ouest, à la Mesembrine pour le Sud, deux autres nominations qui constituent une sorte d'au-delà du Nord, Cryère, et du Sud, Calaer, dont les noms, le glacial et le bel air, en désignent les qualités. Chacune de ces tours a six étages. Le nombre apparemment désordonné des pas entre chaque tour, 312, peut se réduire à l'idée que pour les parcourir il faut 52 semaines en œuvrant 6 jours par semaine. Rabelais, certes, parodie l'usage que Campanella, par exemple, fait des nombres, en entourant sa Cité du Soleil de sept enceintes, figurant l'astronomie, le monde végétal, celui des reptiles, l'univers des animaux supérieurs, le domaine des métiers, l'univers des hommes illustres, si bien que la description de la ville l'apparente à un théâtre de mémoire rassemblant le savoir. L'abbaye de Thélème a la forme du sceau de Salomon, redoublant ainsi, par l'architecture, le discours philosophique sur l'équilibre et l'harmonie, la régénération de l'homme nouveau. Les données numériques auraient pour objet de donner l'illusion d'une stabilité de la représentation. Borges opère à la façon de Rabelais lorsqu'il imagine, pour *La Bibliothèque de Babel*, une salle qui serait également de forme hexagonale où sur chacun des six côtés une porte donnerait sur un autre hexagone (ce qui est le plan de la ville, réelle, de Grammichele). Au lieu d'un tel système en extension infinie, sur le modèle cette fois non plus de la géométrie plane mais de la géométrie dans l'espace, peut se concevoir l'idée d'une ville cosmologique, construite selon des astrologues mathématiciens. Il semble que la vision pythagoricienne, qui associait à l'étude des nombres celle de l'espace et de la musique, n'a été repensée qu'au XVIIIe siècle avec les discours sur le système de Newton, comme celui de Voltaire dans les *Eléments de la philosophie de Newton* (Amsterdam, 1738). La gravitation devient la loi des villes que domine la musique des nombres. Vision harmonique de l'univers, la ville devient le lieu de la régénération de l'être placé dans une image habitable du cosmos. Mais quelle que soit la règle sur quoi elle se construit, quelle que soit la figure géométrique selon laquelle elle s'ordonne, carré ou cercle, elle est toujours animée par la loi des nombres, c'est-à-dire qu'en sont exclues les figures du vivant, de la dissymétrie, du désordre. Ce n'est pas que les architectes aient été négligents à l'égard des conditions matérielles de l'existence. Dans ses *Dix Livres d'architecture* que traduit Perrault en 1673, Vitruve conseille de tenir compte du climat, du vent, des eaux, avant d'élaborer quelque construction mesurée. Les représentations picturales de Chirico associent aux arcades, qui célèbrent l'ordre de la règle et du compas, l'ombre, qui est le signe du glissement, la fumée, celui du passage, le régime de bananes, celui du pourrissement.

Chanter la gloire de l'intelligible tend à détruire ce qui, étant éphémère et gauche, manifeste le poids et la richesse de la fugacité. L'unique recours aux nombres se fait au détriment du sensible. Il y a plus grave : la construction numérique non contrôlée, non dominée risque de devenir folle. Si les villes utopiques sont bien circonscrites, celles qui relèvent de l'imaginaire baroque tendent à multiplier à l'infini leurs formes dans un effet de répétition, ou d'images en miroirs. La cité devient délirante : on est prisonnier de l'identique. Le tribun Marcus Flaminius Rufus fait une telle expérience, dans la nouvelle intitulée par Jorge Luis Borges «L'Immortelle» et reprise dans *Labyrinthes*. Après avoir circulé de labyrinthe en labyrinthe, l'un le ramenant au lieu de départ, l'autre à un lieu semblable au premier, le voyageur parvient à une place où tout est irrégulier et hétérogène ; les escaliers n'ont pas deux marches de même forme, ni les dallages deux motifs semblables. Si bien qu'après avoir cru que de tels palais miraculeux étaient l'œuvre des dieux, le voyageur doit envisager la mort définitive de ces dieux ou, plus désespérément encore, la folie des dieux. A cette impression d'égarement s'ajoutent «celle de l'indéfinissable, celle de l'atroce, celle du complet non-sens».

Si la Cité des Immortels suscite ainsi l'épouvante, c'est que son désordre est sans intention pédagogique : «Un labyrinthe est une chose faite à dessein pour confondre les hommes ; son architecture, prodigue en symétries, est orientée à cette intention. Dans les palais que j'explorai imparfaitement, l'architecture était privée d'intention.» Or, ce qui manifeste cela, dans la description qui nous en est donnée, c'est un effet d'imprévisibilité : il est d'usage, dans la fiction réaliste, qu'un couloir mène à une porte, qu'une fenêtre soit l'indice de la substitution de la description d'un paysage au récit. Ici au contraire rien n'est de l'ordre de notre traditionnelle attente. On n'y trouve que «portes colossales donnant sur une cellule ou sur un puits, incroyables escaliers inversés, aux degrés et à la rampe tournés vers le bas. D'autres fixés dans le vide à une paroi monumentale, sans aboutir nulle part, s'achevaient, après deux ou trois paliers, dans la ténèbre supérieure des coupoles». Ne correspondraient à une telle inversion de la confiance mise en l'ordonnance du monde par la voie des nombres, que les dessins d'Escher, qui pervertissent les effets habituels de perspective. Ce que nous avons tendance à tenir pour une forme naturelle de la vision est ainsi ramené à une construction.

Dans le récit de J.-L. Borges, les Troglodytes, après avoir détruit la Cité immortelle, ont construit avec les débris une sorte de «temple des dieux irrationnels qui gouvernent le monde et dont nous ne savons rien, sauf qu'ils ne ressemblent pas à l'homme». Notre désir de confondre nos villes imaginaires avec des villes célestes présuppose une relation de similitude entre les dieux et nous. Mais si la divinité est l'inconnaissable, si elle est «Ce Qui n'Est pas», selon le mot de Maître Eckhart et de la théologie négative, marquant ainsi la rupture absolue entre notre existence et celle de Dieu, nous ne pouvons pas évoquer la ville imaginaire, celle de l'immortalité, comme une sorte d'expression purifiée de notre monde, à la façon dont les artistes constituaient le beau idéal de fragments de beauté épars dans le monde. Il nous faudrait la construire, littérairement, avec une logique qui ne soit plus celle qui, régissant notre syntaxe, ordonne notre vision du monde. Notre langage ne nous permet d'appréhender que ce qui est visible, sensible, corporel. Nous ne pouvons de là qu'extrapoler. Et, construisant les cités imaginaires selon la loi des nombres, nous croyons atteindre un éther de la pensée, mais si poussant plus encore la recherche les nombres deviennent fous, peut-être alors nous approchons-nous de l'ailleurs que nous quêtons.

Les figures du sensible

Le cas limite de la description de la ville imaginaire selon des figures géométriques est sa réduction à l'état mécanique. Elle n'aura pas seulement le nom de «ville d'acier», comme dans Jules Verne, mais sera métallique. Et certes, la rêverie de Camille Mauclair dans *Les Clefs d'or* (1897) doit beaucoup à la nouvelle architecture de fer qu'illustrera, gratuitement, G. Eiffel par la construction de sa tour (1889). L'architecture est imputrescible; la nuit est artificiellement claire comme le jour; et des voûtes verrières émanent la chaleur et les parfums. Mais de cette perfection mécanisée, gérée, nombrée, «à la longue, une perversité naquit, réclamant pour la douleur sa part – dérangeant avec Volupté l'intolérable Bien». C'est d'abord dans les rêves que se produit le dérèglement, par les songes que s'exprime le refus d'être «homme-machine». Des prophètes venus de la campagne enseignent une liberté sensible et un retour vers «les herbages des banlieues, vers les rivières pacifiques, vers les forêts et vers les mers». Ce qui ainsi fait retour, c'est la reconnaissance de la douceur de l'éphémère. Le conflit est dans l'opposition des figures stables et des variations, des fonctionnements perpétuels et des chaos transitoires.

Solime, la ville capitale de Soliman, n'émerveille guère la Reine de Saba, selon les dire de Gérard de Nerval dans l'épisode des «Nuits du Ramazan» de son *Voyage en Orient*. Le vent s'engouffre dans les avenues droites, quand souffle la bise ; et le soleil à la canicule frappe d'aplomb «des rues tirées au cordeau, des maisons carrées toutes semblables, véritables ruches d'un aspect monotone». Ce qui, par souci de rigueur, rend la ville moins agréable à vivre que Mareb, la ville de Saba, où les eaux courantes, alentour, ont été transformées en cascades, les terres en prairies, les arbres en forêts. Froissé, Soliman fait remarquer que les villes où dominent l'improvisation, la liberté, sont établies «au détriment de la symétrie». Si le plan carré, dans le roman de Jules Verne, a valeur de manifeste politique, le souci de régularité est pour Soliman un acte religieux : «L'ordre, l'unité du plan, traduisent la droiture de notre foi jusque dans le style de ces demeures que j'élève à l'Eternel» (III, 3).

Le sculpteur-architecte Adoniram retient l'attention de Balkis. C'est qu'il s'avère être, comme elle, un enfant du feu. Il a vu dans le désert les restes grandioses de la ville d'Henoch. Conduit par Hermès dans le monde souterrain où le feuillage est «formé de petites langues de flamme» et le sol fait d'émeraude, il pénètre dans la cité des enfants de Caïn, de Tubal le forgeron, de Yabel le pasteur, de Yubal le musicien. C'est le lieu d'une superbe végétation de métal. «Ecloses du feu intérieur dans le terrain des métaux, ces fleurs en étaient les émanations les plus fluides et les plus pures» (III, 7). La passion d'Adoniram pour les sculptures gigantesques qu'il édifie en faisant couler les rivières de métaux tient là sa source. Si Salomon est le disciple soumis et fidèle d'Adonaï, par ses constructions rigides, , Adoniram souffre, avec Caïn, du Dieu jaloux qui «a toujours repoussé le génie inventif et fécond», qui a séparé d'une froide et mortelle couche terrestre le feu central et le feu céleste, qui eussent dû être en échange perpétuel. En songe, Adoniram a retrouvé ses pères. D'eux il a reçu un enseignement et l'ordre de restaurer sur la terre, «en face de Jéhovah, le culte négligé du feu». Tels sont le devoir et la nature de l'artiste : il rétablit la relation entre le feu souterrain et la lumière céleste par la création artistique. «Les ruisseaux éclatants d'or, d'argent, de cadmium, de mercure et de naphte, se confondirent sous ses pieds en un large sillon de lumière, en un rapide fleuve de feu.» En signe d'élection, Hud-Hud, la huppe magique, se pose sur le poing d'Adoniram.

La ville systématique de Soliman s'oppose à celle des artistes, flamboyante. Le même souvenir de la ville originale engloutie et bienheureuse s'exprime dans *Aurélia*, quand le narrateur, de l'autre côté d'une vaste plage, découvre «une ville immense» où par le feu, en sa complicité, s'effectuent les créations de l'art. La construction de la cité de l'âme est ainsi mise en rapport avec le feu du cœur spirituel. Ce n'est plus de l'exercice intellectuel qu'est attendue la création d'un monde idéal, mais de l'amour. Les nombres laissent de côté toute une part de l'espérance humaine, qui est de vivre dans l'accord de l'âme et du corps. Le rêve, et il n'est pas seulement celui de Villon, serait de «tout vif aller ès cieux». La connaissance du cœur implique la reconnaissance du temps. Il n'y a pas de temps hors du corps. Est-ce par une nouvelle apparition de ce que Paracelse tenait pour une «théorie des signatures», par quoi une ressemblance formelle serait garante d'une similitude de principe, que des villes imaginaires seront construites sous la forme d'un corps étendu ou que la description d'une ville réelle, pour se métamorphoser, emprunte son vocabulaire à celui du corps ? Le rappel de la comparaison fréquente du corps et de l'Etat s'impose : le bon fonctionnement du «corps social» se définit selon les préceptes de la santé. En 1795, dans *La Décade philosophique*, Amaury Duval, proposant un projet d'organisation sociale, définit le jeu des différentes institutions en analogie avec celui des organes humains. Il serait intéressant de dresser le catalogue des métaphores qui mettent le trafic en rapport avec le sang, les avenues avec les artères, les articulations avec les coudes. La ville est le manteau des chambres; les maisons, les demeures des corps, qui sont les refuges de l'âme. Les places sont des poumons collectifs, les tours des yeux, comme la fenêtre est l'œil du vent. Et les façades des fronts.

Est-ce parce que le mot ville est féminin (et non parce qu'Isaïe – 23,15 – fait de Tyr la couronnée une prostituée) que la forme de comparaison privilégiée est celle de la cité et du corps féminin ? André Breton voit Paris, dans *La Clé des champs*, sous la forme d'une femme étendue, «les cheveux bouillonnant très bas sur l'oreiller de ses rives». Le pouvoir de la ville réside tout entier dans «l'attraction érotique que ce beau corps exerce, lascif jusque dans l'expression de la lassitude. Ce qui l'entoure n'est que draps rejetés, à vrai dire encore tout imprégnés de son odeur». Sans doute est-ce à cette imagination, qui déjà animait certaines pages de *Nadja*, que fait allusion Raymond Queneau quand il pousse Zazie, apercevant la tour Eiffel, à se demander «pourquoi on représente la ville de Paris comme une femme. Avec un truc comme ça». Ce qui est , pourtant, une bien petite chose.

Dans le récit «La Spirale», publié dans le volume *Sous la lame*, André Pieyre de Mandiargues construit une ville imaginaire, qui ne s'atteint que par un long cheminement plein d'épreuves, par le parcours d'une carte du Tendre, amoureux et dangereux. C'est Copula. Elle a une forme d'étoile de mer à cinq branches, entourée d'un mur de la couleur brune du sol : «Le sommet de chacune de ces branches porte une grande statue d'homme nu et viril, tandis qu'une statue de femme nue, d'égale hauteur, mais dont les jambes font un arc de voûte sous lequel on passe, se trouve à la pointe de chacun des cinq angles intérieurs, et ces cinq portes font les sommets d'une vaste place étoilée qui occupe le centre de la ville.» Si la ville peut être rêvée comme une machine à fonctionnement érotique, à l'inverse le corps est aussi vu comme une ville. Le langage précieux, transposant l'art de la guerre, parlait de défenses («les seins sont le pont-levis des corps des femmes», selon Malcolm de Chazal), de redoutes et du cœur de la place («Ville qui parlemente est à demi rendue»). Un poème de *L'Ivre Œil* joue le rôle complémentaire de la description romanesque de la ville par André Pieyre de Mandiargues :

Et sous la dernière soie
La nudité des seins nus,
Dômes de la ville interdite [...]

Dans son *Tableau de Paris* (1781), Louis-Sébastien Mercier propose de considérer que le cœur de la ville bat au pont Neuf, que Bicêtre est l'équivalent d'un ulcère; la fumée est une transpiration du sol. La rêverie la plus systématique dans cet ordre est probablement celle de Duveyrier dans *La Ville nouvelle ou le Paris des saints-simoniens*. A l'image de la société, qui «n'a encore qu'une forme mâle», la ville nouvelle est masculine : le Louvre en constitue la tête et le front; le bras droit, étendu jusqu'à Saint-Ouen, abrite la petite entreprise; l'industrie lourde se trouve dans la jambe droite, orientée vers Neuilly; une chaîne d'hôpitaux forme la jambe gauche jusqu'au bois de Boulogne. Lue de cette façon, la ville appelle son complément féminin, qui est la ville future encore imaginaire, celle de la société transformée : «Mon temple est une Femme. [...] elle est l'épouse du colosse [...]». La ville future sera la représentation architecturale de l'*animus* et de l'*anima*; elle sera une image de l'androgyne reconstitué. Car elle est une figure du cosmos (la ville est un grand corps comme le ciel) et un lieu de perfectionnement spirituel. Se situer en elle, circuler en elle, c'est jouer sa partie dans le concert céleste. C'est également donner à la politique le devoir de mener le corps social à son accomplissement, car nos villes sont des corps amputés.

Les villes imaginaires peuvent prendre une forme autre qu'humaine, mais à la façon dont l'aigle, le taureau, le lion, l'ange sont une représentation du tétragramme. Ainsi vit-on Rome figurée en lion, Carthage en taureau, Brindisi en cerf (ce qui serait à considérer dans la relation des villes et du zodiaque). L'objet de ces représentations n'est pas, à la façon des hiéroglyphes (au sens que prend ce mot dans la description des messages iconiques), de représenter la ville par un de ses éléments (comme, en littérature, opère la synecdoque). Ces représentations appartiennent plus à l'ordre du rébus, quand une relation phonique s'établit entre le nom de la ville et celui de la forme qui lui sera prêtée; ou à celui du symbole, quand l'image évoque, par la voie de la métaphore, un sens secret. Les représentations de Jérusalem appartiennent à l'ordre de l'hiéroglyphe par l'indication du temple de Salomon et à celui du symbole quand l'ordre circulaire de l'enceinte illustre la sphère céleste de la perfection, dont la forme terrestre est la circonférence plane.

Au-delà de la forme extérieure du corps, la ville imaginaire peut viser à évoquer le monde intérieur viscéral, non plus le domaine de la beauté des formes, mais celui des borborygmes. Le type fondamental en sera la ville labyrinthe. Dans son *Histoire universelle*, Diodore de Sicile situe en Egypte le prototype du labyrinthe : «Cet ouvrage est moins considérable par sa grandeur immense, que par l'artifice inimitable dont il est construit. Car lorsqu'on y est entré, il est comme impossible d'en sortir, sans les secours d'un guide qui en sache parfaitement les détours» (trad. Abbé Terrasson, Paris, 1737). Héritier de la pensée égyptienne, Dédale, pour le roi

Minos, en construisit un en Crète, semblable à celui qui était tenu pour inimitable, et «les Poëtes ont ajouté qu'il avait servi de demeure au Minotaure. Mais le labyrinthe de Crète ne paraît plus», nous apprenait Diodore au Ier siècle avant J.-C. Cependant, au XVIIIe, G.P. de Tournefort, au cours de son *Voyage du Levant* (1717), put le parcourir comme une ville : «Ce lieu si célébré est un conduit souterrain en manière de rue, lequel par mille détours pris en tous sens, comme par hasard et sans aucune régularité, parcourt tout l'intérieur d'une colline au pied du mont Ida du côté du midi, à trois milles des ruines de Gortyne.»

Une autre association a cours entre la Crète, l'Egypte et Troie. Dès le XVe siècle, le Seigneur de Caumont relatant son *Voyage d'oultremer en Jherusalem* rappelle l'enfermement du Minotaure par Daedalus en une construction nommée «Labarinte, et aujourduy par moultz est vulguelmant apellé la cipté de Troie». Il avait certes la caution de Virgile, qui au livre V de l'*Enéide* donne la Crète pour origine de la race troyenne. Mais la correspondance s'établit peut-être à partir des associations du grec *troché*, pour la roue, et du *triam* celte pour tourner. Si bien que les deux langues s'allient pour faire de Troie un lieu pivot, un essieu central, le lieu vertigineux où l'être, prenant la mesure de son double intérieur, est appelé à le tuer pour se l'assimiler, où un homme et son image se confrontent en une lutte sans fin, afin de pouvoir se détourner de soi, en se retournant.

Aussi quand, dans *Le Livre moderne*, Alfred de Vigny, évoquant Paris, s'interroge sur l'aspect de la ville : «Vois-je une Roue ardente, ou bien une Fournaise», reprend-il certes une image courante à l'époque romantique, faisant de ce qui consume en éclairant et de ce qui associe le mouvement et sa disparition, une identité. On peut également croire qu'il renoue avec le mythe des origines troyennes de Paris, autant par les mots que par la fiction, celle que narrait Jean Lemaire de Belges dans ses *Illustrations de Gaule et Singularités de Troie*

(1510-1512-1513). Ce qui tourne et ce qui brûle dans les trois ventres, celui de la tête, celui de la poitrine, celui des intestins, a sa correspondance dans les espaces, dans le ventre du dragon où les orbites des planètes sont les plus éloignées. La ville en tourbillon a en elle toutes les fonctions d'un corps; la ville imaginaire n'en garde plus que les signes. Dans les *Traités* de Francesco di Giorgio Martini (vers 1492), le temple est au cœur, la place centrale tient lieu d'ombilic; la forteresse est une tête et les membres des tours de défense. L'urbanisme est une structure organique, qui assure la transition entre les images du microcosme et du macrocosme, réfléchies les unes dans les autres.

L'acceptation de la mort ayant été substituée au rêve d'immortalité, les qualités sensibles du monde sont retrouvées. Une nouvelle ville, imaginaire et éphémère, est habitée. Car la ville littéraire peut manifester ce caractère, double, de donner l'illusion du développement à l'infini d'un cristal imputrescible, ou de représenter un corps dont le caractère éphémère est la part essentielle de la beauté. Ce territoire sensible, cet «arrière-pays» évoqué à l'occasion d'une rencontre avec «les Tombeaux de Ravenne», Yves Bonnefoy, dans *L'Improbable* le compare à une cité : «Je dirai qu'il est loin de nous comme une ville interdite. Mais je dirai aussi qu'il est en chacun de nous comme une ville possible. Rien ne peut faire que l'âme vraiment éprise n'en découvre le seuil et n'y fixe son séjour.» En cette ville, Yves Bonnefoy propose un cheminement, depuis les hautes murailles «dont la matière est évidente (ainsi dirai-je d'une vérité supérieure, reçue soudain par l'esprit)», les demeures et les monuments, «Dômes, portiques, campaniles, teintés des vapeurs rouges du vrai ciel», jusqu'à une place attendue sans être cherchée : «Le destin ici est silence. Il parle sans ironie dans l'écho léger des pas. Aussi bien est-il liberté. On touche dans le sensible l'unité profonde de tout. Et l'Un, précise Plotin, est liberté absolue.»

Mythologie

Nœud et dispersion

L'architecture urbaine imaginaire constitue un discours bien plus didactique que celui de la ville historique. Tout en elle tend à l'instruction. Elle célèbre la vérité spirituelle des nombres : Charlemagne, selon la *Vie* qu'Eginhard a rédigée, offrit à différents sanctuaires des représentations de Constantinople et de Rome, l'une sous la forme quadrangulaire et l'autre sous la forme ronde. Elle tend à construire un chemin de la terre au ciel. Elle peut illustrer des abstractions morales. Comme Charles Sorel propose la réalisation picturale des métaphores qui constituent un portrait littéraire dans *Le Berger extravagant*, Marie-Anne de Roumier-Robert, contant *Les Voyages de Milord Céton dans les sept planètes* (La Haye, Paris, 1765), mène son héros de la lune à Saturne, par Mercure, Vénus, Mars, le Soleil, Jupiter. Chaque planète représente un état social ou moral : l'amour en Vénus, les philosophes dans le Soleil, la noblesse en Jupiter, les patriarches dans l'âge d'or saturnien. Les architectes illustrent la négligence des lunatiques, concourent à la volupté des amoureux : «Tous les appartements sont remplis de glaces; les plafonds le sont aussi.» Certes, le voyage dans les astres ne figure en ce texte que les notions les plus communément reçues, mais il révèle que les sens moraux demeurent toujours associés à d'autres interprétations, politiques et métaphysiques : l'architecture de 1800, avec J.-J. Lequeu qui édifie un *Temple sphérique de la terre* (1790), est philosophiquement newtonienne ; la ville doit être un lieu de sage gravitation ; elle annonce une société future où la vertu triompherait, comme le proclame Claude-Nicolas Ledoux dans son étude sur *L'Architecture considérée sous les rapports des arts, des mœurs et de la législation* (1804).

Par sa forme, la ville imaginaire est d'abord un idéogramme. Dans l'*Iterarium Sacrae Scripturae*, publié à Magdebourg vers 1585, Heinrich Bünting situe Jérusalem au lieu de rencontre de trois pétales, l'un figurant l'Europe, l'autre l'Asie, le dernier l'Afrique. La ville imaginaire paraît posée sur l'espace et sans relation avec lui ; et cependant c'est d'elle que tout le pays alentour reçoit les forces vives, qui se perdent vite dans les terres stériles. Elle a pour meilleure représentation le château merveilleux, clair et inespéré, au-delà des terres vaines, des landes, des rochers chaotiques. Loin d'être une métaphore du paysage, avec son mouvement, ses échappées et ses nœuds, la ville imaginaire est un une construction sans modèle terrestre; sa forme tendra vers ce qui est tenu, dans l'idéologie occidentale, pour représenter la perfection. Elle sera constituée autour d'un centre mystique. Un tel attachement à l'idée de la solidarité dépendante des éléments, à l'égalité des angles de vue, qui fait de tout point d'un arc capable l'équivalent absolu d'un autre point, rendit l'acceptation de l'aplatissement de la terre aux pôles ou le double foyer de l'ellipse dans le mouvement des astres, aussi difficilement admissible pour l'homme que son humble renonciation à une place centrale dans le cosmos. Quelque chose d'aussi important que le bris des cieux cristallins se passait; la création n'avait pas les formes de la perfection. Borné par l'enveloppe du «Primum mobile», l'univers géocentrique était fini; en devenant héliocentrique, il tombait dans l'infini, ce que n'aurait pas dû voir Giordano Bruno, qui paya de sa vie cette connaissance. Demeurent antagonistes les images du carré et du cercle, de Pékin et de Rome. Les points cardinaux ordonnent la représentation de Pékin dans *René Leys* de Victor Segalen, avec, à la croisée des directions, La Cité violette interdite, rebâtie dans *Stèles*. Quant à Rome, Sixte Quint allait par le tracé des voies vers les carrefours, les obélisques sommés de croix, en faire la représentation des cheminements spirituels que l'on lit, comme des allégories, dans les livres pieux. Ainsi une cohérence était donnée à ce qui, de délabrement en transformation, avait traversé les siècles, pour que le sentiment d'un accomplissement, nécessaire et vrai, se dégage de l'épars. Le scandale causé par le livre de Julien Gracq, *Autour des sept collines*, (1988) fut de considérer la ville hors de cette visée apologétique, comme fragmentée, éventrée, débandée. Sa lecture la situait dans le domaine du divers et du multiple, quand elle avait l'orgueil et la prétention de se vouloir catholique. «Rien ne peut empêcher qu'à l'appel d'un nom légendaire de part en part ne se lève dans l'imagination une résurgence architecturale aussi démesurée, aussi folle que le palais de Kubla Khan, aussi achevée et modelée d'un seul bloc que celle qui surgit au nom de Babylone.» La déception de Julien Gracq n'est pas d'essence religieuse. Mais évoquant une ville d'un seul bloc, il fait référence à la représentation traditionnelle de la ville imaginaire, «Calme bloc ici-bas "né" d'un "espoir" obscur», et à ce qui anime son œuvre : la construction d'un espace qui soit à la croisée des errances et se fasse lieu, mortel, château noir, casemate, de l'unité. Dans la projection des constellations que figurent, sur terre, les cheminements de temples en temples, de villes religieuses en lieux d'intercession, la ville imaginaire a la place de l'étoile polaire.

Le discours que tient la ville imaginaire est également proche de celui du conte de fées. Il a pour objet de traiter symboliquement ce qui ne peut s'analyser directement, le désir et la mort. Les descriptions de jardins suspendus où les arbres et les branches font aux maisons des chevelures, de bassins et de fontaines débordantes comme une féminité courante, les conversions d'îles en oasis, la transposition de la place Dauphine en triangle noir, sont monnaie courante dans la littérature. Le désir, plus encore, s'exprime dans le souci de totalité. André Breton esquisse, dans son *Discours sur le peu de réalité*, le projet de dresser «minutieusement des plans de villes immenses qu'autant que nous sommes nous nous sentirions incapables de fonder, mais qui classeraient, du moins, les capitales présentes et futures». Ce qui nous retient, quand du haut d'un balcon urbain, des tours de Bologne, de la place Michelangelo à Florence, nous considérons les flux de la vie, ou lorsque nous contemplons les maquettes de villes peintes ou dressées sur l'ordre de Vauban, c'est qu'à ce qui est enfer de la foule, quand nous sommes plongés en elle, s'associe le sentiment d'une gestion ordonnée. La «ville immense» désirée par Breton serait celle qui rassemblerait harmonieusement la totalité du divers. Au sentiment de contrainte douloureuse que suscite en nous l'inquiétude de l'imprévisible, se substitue le sentiment de révélation : voilà que le monde, dans lequel nous sommes immergés si bien que nous ne pouvons voir le spectacle en sa totalité, nous apparaît cette fois, non plus en énigme, mais en vérité.

La mort a aussi, dans la représentation de la ville, ses lieux réservés : boucheries et cimetières, où le promeneur voit son nom déjà gravé sur la pierre, souterrains humides et catacombes. Car à la cité rêvée est liée une cité redoutée ; les villes de l'espérance se doublent des villes de la crainte, Jérusalem céleste de Sodome maudite. L'épopée, se distinguant théoriquement du roman par la présence en elle du merveilleux, oppose cités divines et infernales. Pour transformer en épopée ce qu'il avait d'abord conçu comme un roman d'essence autobiographique, Chateaubriand insère dans *Les Martyrs* (1809) deux livres, l'un qu'il consacre au ciel, l'autre à l'enfer.

A la Cité de Dieu répond la cité de Satan. Les descriptions de l'une et l'autre exigent de nombreuses précautions de langage, car si du Paradis «la langue d'un mortel ne saurait raconter les merveilles (L. III), qui pourrait peindre l'horreur de ces lieux, où sont rassemblées, agrandies et perpétuées sans fin toutes les tribulations de la vie ? » (L. VIII). Les deux descriptions sont organisées en parallèle sous la forme d'une progression vers la lumière aveuglante, et sous celle d'un approfondissement de l'Abîme, jusqu'à un château noir, ouvrage du Désespoir et de la Mort.

La richesse de la matière et la perfection des formes font la beauté de la Cité du Bien : «Là règnent suspendues des galeries de saphirs et de diamants, faiblement imitées par le jardin de l'homme dans les jardins de Babylone ; là s'élèvent des arcs de triomphe formés des plus brillantes étoiles ; là s'enchaînent des portiques de soleils, prolongés sans fin à travers les espaces du firmament, comme les colonnes de Palmyre dans les sables du désert. Cette architecture est vivante. La Cité de Dieu est intelligente elle-même. Rien n'est matière dans les demeures de l'Esprit ; rien n'est mort dans les lieux de l'éternelle existence.» Ainsi se classent les éléments qui, à l'inverse, caractériseront la cité du Mal : la mort, l'opacité, la clôture.

Car les espaces se dilatent : la ville s'ouvre à des jardins d'Eden, où l'arbre de vie et l'arbre de science mêlent leurs rameaux ; les jardins se déploient en un chœur d'anges qui ordonnent l'eau, la terre, l'air, le feu, dirigent les saisons, les vents et les astres. Au-delà encore se figure le sanctuaire du Verbe sous la forme d'un triangle de feu et «l'on aperçoit les Trois Puissances. Porté sur un trône de nuées, le Père tient un compas à la main; un cercle est sous ses pieds; le Fils, armé de la foudre est assis à sa droite; l'Esprit s'élève à sa gauche comme une colonne de lumière». A la théologie chrétienne se mêle l'imagerie orientale. Ce n'est point par volonté de syncrétisme : le poème épique étant placé sous l'invocation de la

Muse antique et de l'Esprit saint, il est fait appel à la réserve traditionnelle des images poétiques pour évoquer ce qui, en vérité, est donné comme les dépassant : «Muse, où trouveriez-vous des images pour peindre ces solennités angéliques? Serait-ce sous les pavillons des princes de l'Orient, lorsqu'assis sur un trône étincelant de pierreries, le monarque assemble sa pompeuse cour ? Ou bien, O Muse ! rappelleriez-vous le souvenir de la terrestre Jérusalem, quand Salomon voulut dédier au Seigneur le sanctuaire du peuple fidèle ?» Les prétéritions disséminées dans le texte ne sont pas seulement, comme il est d'usage, les équivalents de superlatifs; elles signalent que ce qui se voit ne se voit que par métaphore, car immergé dans la lumière, on se fait lumière; corps glorieux, on est absorbé par la transparence musicale.

La Cité du Mal n'est pas seulement noire; elle est anguleuse et visible. L'arbre à sa porte est stérile, et les clameurs ne se mêlent pas en un son indistinct, fût-il assourdissant : elles désignent chacune un crime particulier, quand la louange crée un corps collectif. «On aperçoit alors une longue suite de portiques désolés, semblables à ces galeries souterraines, où les prêtres de l'Egypte cachaient les monstres qu'ils faisaient adorer aux hommes. Les dômes du fatal édifice retentissent des sourds mugissements d'un incendie; une pâle lueur descend des voûtes embrasées.» Certes, Chateaubriand accommode ici une lecture du *Paradis perdu* de Milton et tend à opposer la révélation à la multiplicité antique des divinités, à la façon de saint Augustin dans *La Cité de Dieu* (L. II, ch. 8). Du coup, le monde égyptien, tenu jusque-là pour la réserve du savoir initiatique, est renvoyé au domaine infernal, comme le sont, dans *Les Natchez* (ch. II), les petits dieux antiques : «esprits qui murmurez dans les vents, qui mugissez dans les cataractes, qui présidez au silence ou à la terreur des forêts», réfugiez-vous dans le seul souvenir. Le brouhaha de l'enfer est évoqué de façon évidente sous la forme d'une assemblée révolutionnaire, donnée pour violente, désordonnée, haineuse. Cependant ce «palais ténébreux» doit trop aux lectures des romans noirs, comme les descriptions de combat dans *Les Natchez*, ou *Les Martyrs*, au goût du frénétique, pour que ne soit perceptible en ces pages l'esprit de révolte qui animait *L'Essai sur les révolutions*. L'objection que Benjamin Constant, dans *De la religion*, fait aux *Martyrs*, est plus importante que le relevé, auquel on s'est plu, des anachronismes du récit : l'enfer de Chateaubriand est celui de Virgile et il constitue le Paradis en une assemblée de l'Olympe. En quelque sorte il fait la description de deux mondes absolument opposés, quand il eût fallu montrer la réversibilité de l'un en l'autre, la présence du doute dans la foi, la naissance de la pureté dans la corruption. Le genre épique implique certes des affrontements tranchés ; l'imaginaire frénétique transpose les souvenirs de la Terreur qui hantent Chateaubriand ; cependant, malgré ces modes du temps, l'opposition des cités du Bien et du Mal fait de l'une le lieu de l'effacement de soi, dans un espace sans frontière, sans cesse se dilatant, se diluant de formes imperceptibles en couleurs insaisissables ; quand l'autre est le domaine de la clôture, de l'orgueil, de la solitude et du défi face aux éléments. Chateaubriand aima ainsi provoquer la levée des «orages désirés», à la façon de la Juliette de Sade la foudre du ciel. Comme s'il attendait d'eux qu'ils déchirent les apparences. Car pour la religion, devenue officielle, toute autre croyance est du domaine de l'illusion. Mais s'il peut admettre que le monde est un rideau frémissant, il garde pour tout ce qui s'y figure la tendresse d'un lecteur, attentif, des *Métamorphoses*.

Les châteaux maléfiques de Sade prêtent leur aspect à ceux de Chateaubriand et, plus encore, aux cités de Lamartine. Dans la septième vision de *La Chute d'un ange*, les villes des géants que le Déluge va devoir engloutir, ont la beauté et la richesse des villes du Bien :

> En contemplant de loin leurs immenses contours,
> Où montent à l'envi les dômes et les tours,

On croit voir s'élever du milieu des campagnes,
De fer, d'argent et d'or d'éclatantes montagnes.

En fait, ces villes sont celles de la démesure et du fallacieux, de l'artificiel et du dénaturé :

Les feuillages d'or pur, taillé par le ciseau,
Frémissent à la brise et tromperaient l'oiseau
Des fleuves tout entiers, détournés de leur course,
Remontent sous la terre et jaillissent en source.

En ces villes le cours naturel des choses se trouve inversé; les fleuves roulent des feux, les dômes «où l'œil à travers l'eau voit ondoyer le ciel» étincellent d'écume. Non seulement l'eau et le feu se trouvent alliés, quand le partage des éléments est un acte de Dieu (ce qui fit de la machine à vapeur un monstre), mais cette inversion, au contraire de celle qui, pour Baudelaire et Huysmans, est le signe d'une liberté gagnée à l'égard de l'incarnation, a ici valeur de dérision. Les métaux précieux n'indiquent plus la transparence progressivement acquise des cœurs, la communication lumineuse des consciences, mais, tout au contraire, le dévoiement de l'esprit spoliant la création de sa richesse, détournant les métaux précieux de leur seule utilisation de louange et de célébration. D'une valeur spirituelle, les Géants se saisissent pour faire un usage ostentatoire; ils profanent ce dont ils devaient faire sacrifice. Et cette folie de dépréciation s'exprime plus directement par le récit de leur conduite; imité de celui qu'invente Minski dans *Juliette*, l'ameublement est fait d'êtres humains :

Et la douce chaleur de la peau sous leur membre,
Plus suave au contact que l'ivoire ou que l'ambre,
Communiquant au corps sa tiède impression,
Leur donnait un plaisir à chaque inflexion.

La dixième vision est ainsi occupée par une sorte de transcription versifiée des visions de Sade. Or ce lieu infernal n'est pas, comme dans la représentation de Chateaubriand, hiérarchisé et discipliné : Lamartine le rend infernal. Tout y est en décomposition quand l'extérieur de la ville est un bloc monolithique. Au contraire, l'ange déchu, Cédar, seul dans l'espace ouvert du désert, figure la révolte :

> Que sur ta face, ô terre ! il ne reste de moi
> Que l'imprécation que je pose sur toi !

Mais il est porteur d'or vrai ; de réincarnation en réincarnation, il connaîtra une réintégration finale.

A défaut de pouvoir la tenir éloignée, la ville imaginaire tente de neutraliser la mort. La ville est fermée, isolée par cinq, sept ou neuf murailles qui la protègent du temps passager ou de l'histoire. Ses descriptions tendent à susciter, en l'esprit du lecteur, l'idée de perfection ; ce qui est parachevé devient immuable ; ce qui est indépassable évoque la permanence au cœur de la mobilité. Si les matières de la ville sont le cristal et les métaux précieux, ce n'est pas en tant qu'ils évoquent la richesse, mais la transparence de l'esprit. La ville imaginaire tend à l'épure (et la description multiplie les indications de formes et de nombres), car figurant l'idée de la ville, elle se situe au-delà de tout ce qui peut être ; et parce que ce qui pourrait être, serait déjà, de ce fait même, un agrégat de formes vivantes, habitées par le temps. Située hors de toute notion de devenir, la ville imaginaire, créée d'un seul jet, l'est d'une seule matière sans matière. Son seul lieu spécifique sera donc le livre : elle y trouve sa place idéale, étant dès lors faite des mots qui désignent les pierres mais ne les représentent pas. Elle ne peut se situer absolument en aucun endroit existant ; elle est à l'horizon de l'esprit, mais elle est préfigurée en ce que nous connaissons, annoncée par ce que nous vivons. Le mot «ville», désignant un lieu absent de toute la terre est le lieu propre de la ville imaginaire. Et cela est, en quelque sorte, signalé par l'importance dans le livre d'un livre secret, apocryphe ou primitif. Les personnages le quêtent de ville en ville. Bien qu'il soit inconnu, sa présence est active. Lamartine en sauve quelques fragments. Mallarmé plus tard imagine sa reliure et compose sa distribution. Le livre disparu annonce un livre à venir; il donne le livre présent comme le réceptacle d'une autre parole à construire, d'un autre livre à édifier par l'acte de lecture. Ce qui impose au lecteur d'opérer sa propre construction. De s'édifier. La ville imaginaire se fait couverture et reliure d'un livre absent.

Plantée d'orangers et d'acacias le long des eaux courantes, ensoleillée sur les places jaunes à portiques ocres, peuplée d'êtres jeunes et amoureux, transparents et chantants, la ville imaginaire déploie les fastes d'un jardin, où tout serait source de vie. Cependant tout peut y être, avec la même terreur attirante, figure de destruction. Les villes sont des lieux maudits de Dieu, comme Babel, Enoch, Sodome et Gomorrhe, si bien qu'elles sont naturellement vouées à la mort et à la ruine. Dans les villes de Sade ou de Lamartine, en celles qu'édifient Jean Potocki dans son *Manuscrit trouvé à Saragosse* (1804, fragmentairement), ou William Beckford, dans son *Histoire du Calife Vathek* (écrit en 1782 en français ; l'édition anglaise est de 1786), la mort est à l'œuvre, démesurément. Les meurtres y sont des images multiples de la réitération, car celui du père génère indéfiniment celui des fils. Mais, par là même, le rappel de la même figure rend indifférent l'insupportable, comme si le mal se privait de toute vérité en multipliant ses figures. Ces représentations infernales ne causent pas de trouble : la mort y est devenue un concept. Thanatos se figure complémentairement à Eros ; il est avec Hypnos, le fils de la Nuit. Mais Eros, qui naît du chaos primitif ou de l'Œuf primordial dont les deux parts sont la Terre et le Ciel, est le garant de la cohésion du Cosmos. Le meurtre, au contraire, figure la diversité, le partage, l'éparpillement. Si Diotime, dans *Le Banquet* de Platon, fait d'Eros non un dieu, mais un «démon», c'est que souffrant du manque qui l'habite son esprit est quête. Il ignore que ce qui est réel est le moment présent. Il est une force, qui sans cesse tend à la reconstitution, quand Thanatos tend à la dissociation, à la dispersion.

La représentation des villes imaginaires vise à figurer un

impossible «point central» dont a parlé André Breton, où «la vie et la mort, le réel et l'imaginaire, le passé et le futur, le communicable et l'incommunicable, le haut et le bas cessent d'être perçus contradictoirement». Eros et Thanatos se neutralisent en un état, qui ne serait pas celui d'une stabilité momentanée, mais d'un accomplissement comblant. La Nuit se réintègre au Jour, non sous la forme des crépuscules, mais sous celle de l'espace noir au lieu central d'un feu. «Ville heureuse qui ne connaîtra ni les terreurs de la Thébaïde, ni les affres des famines, ni la désolation du manque d'eau» dit Cadmus, participant à la belle mélopée des fondateurs de cités dans *L'Enchanteur pourrissant* de Guillaume Apollinaire, tandis que Siméon le Stylite gémit d'être, par orgueil, l'involontaire fondateur d'une ville pécheresse.

La ville mystique

Des villes réelles, Rome et Jérusalem, Bénares et Lhassa, La Mecque et Marrakech ont été considérées comme des «lieux d'intercession» (il faudrait le dire aussi de Kairouan, grâce à Klee). C'est-à-dire que la terre nue est vue couverte d'un immense filet, dont les nœuds seraient des villes particulières, transformées, par leur simple mise en relation, en centres du monde, et chaque ville peut être considérée comme l'extension d'un temple. La ville, réelle selon la géographie, mais tenue mentalement pour imaginaire, a pour vertu d'orienter l'espace terrestre, de communiquer avec l'enfer par ses souterrains, avec le ciel par ses terrasses, comme un arbre du monde lie par son tronc les images symétriques de ses racines et de ses branches. Toute rêverie urbaine construit une vision du monde et imagine une relation possible, ou inutile, avec le ciel. Elle peut l'être de la façon figurée la plus banale : le temple de Jupiter, foudroyant, celui du Soleil, rayonnant, celui de la Lune, capricieuse, selon Vitruve, dont Claude

Perrault traduisit en 1673 le *De architectura*, ne doivent pas avoir de toitures, «parce que ces divinités se font connaître en plein jour et dans toute l'étendue de l'univers» (L.I, ch. 4). Par souci de la gravité, les temples de Vénus et de Mars seront d'ordre dorique; ceux de Flore d'ordre corinthien; pour Diane prévaudra l'ordre ionique.

En quelque sorte la ville figure, sous la forme infiniment complexe d'un lacis de rues, ou de perspectives ouvertes, d'élévation ou de précipitation, de dénuement et d'excès, les stades par lesquels un être, lentement, progressivement, avance en soi, se déchirant, se déliant, allant vers ce qui lui permet d'acquiescer à ce qui est, au moment de tout perdre en la dissolution de soi. La ville imaginaire est toujours parente de celle de Babel : elle tend à représenter la conquête d'un état supérieur de l'être et son édification, en suit les étapes. Elle est l'équivalent d'une échelle spirituelle, elle multiplie en elle les formes de la pyramide ou de la ziggourat. Elle se constitue comme une porte de Dieu, rattachant ce monde à son complémentaire («est-il vrai que l'au-delà, tout l'au-delà soit dans cette vie ? Je ne vous entends pas ? Est-ce moi-même ?» se demande le narrateur à la fin de *Nadja*), ouvrant à un espace où le cercle s'inscrit dans le carré, où la parole se fait chant. Mais comme dans les sanctuaires de Porto Venere ou de Manfredonia, où les croisés devaient faire escale avant de quitter le monde protecteur de l'idéologie partagée pour celui, terrifiant, de l'hétérogène de l'esprit (si le monde barbare est celui de la cruauté, c'est en tant que lieu de la dissémination), il faut faire l'épreuve de la division, descendre, symboliquement, de l'entrée située au sommet de la falaise, par un escalier en spirale, jusqu'à la nef et à la porte battue par les flots. C'est l'aventure que connaissent, sur les modes du récit d'initiation, les héros du roman de Jacques Casanova de Seingalt, *Icosameron ou histoire d'Edouard et d'Elisabeth qui passèrent quatre-vingt un ans chez les Megamicres habitants aborigènes du Protocosme dans l'intérieur de notre globe*

(Prague, 1788). Ils parviennent au lieu du centre : «Nous descendîmes d'abord un escalier sans marches en rampe spirale, éclairé autant qu'il fallait par des lanternes phosphores. La pente de la rampe fort douce faisait cinq fois le tour du temple avant que d'arriver à son entrée. Son intérieur avait quarante toises de hauteur, et cinquante de diamètre; il aurait été parfaitement sphérique s'il n'eût eu un pavé plan qui occupait la cinquième partie de sa circonférence.» Et tout comme dans un panthéon le monde rassemblé est éclairé d'une perpétuelle lumière zénithale : «un globe luisant d'une toise de diamètre l'éclairait au centre, et cinq cents lampes bien distribuées, et incrustées au-dessus de cinq cents loges donnaient à l'édifice une plus grande splendeur : elles éclairaient les dessins des cinq cent villes de la monarchie» (troisième journée).

La ville peut être construite, littérairement, sur un plan moins respectueux d'une symbolique aussi élémentaire, dont le rite maçonnique reprend les éléments fondamentaux. La description par Pierre Simon Ballanche de *La Ville des Expiations* (1832) servira d'exemple. Son but est de permettre le rachat des coupables. Si la forme romanesque implique que des récits particuliers soient donnés pour expliquer la présence en ce lieu, et le cheminement spirituel, de ceux qui en ont franchi la porte, il faut considérer tout le récit comme une proposition, non pas de composer avec le mal de façon complaisante, mais de prendre appui sur lui en vue de le dissoudre, ce qui implique de le connaître.

La ville est construite en deux parties, une ville basse et quasiment monastique sommée d'une ville haute, lieu ésotérique de gouvernement et de sagesse. «Les villes anciennes avaient deux noms, l'un mystique qui se rapportait à son origine religieuse, et l'autre civil.» (Roma serait Amor, et Paris, par-Isis.)

«La Ville des Expiations n'aura qu'un nom, celui qui établit son origine mystique et régénératrice. Mais les peuples, qui ont reçu le pouvoir de donner un nom, les peuples la nommeront la Ville Sainte.» L'idée qu'il y ait à l'origine du malheur des hommes quelque crime qu'ils aient interminablement, et sans que nulle connaissance leur en soit donnée, à «expier», dont ils aient à se justifier par des expiations (Moïse les situait, une fois pour l'année, au dixième jour du septième mois) ne justifie pas le nom de la ville; mieux vaut ne retenir dans l'usage du mot que le sens de «rendre propice»; et tel est l'objet de cette image de la terre, qui ne serait que par dérision un bagne. Ou un monastère.

La ville basse, où logent ceux qui sont venus se soumettre à l'expiation volontaire, est composée de soixante enclos; chaque hameau comprend soixante maisons en forme de tente, où se trouvent un lit, une table, une chaise, une lampe, une horloge, un livre (puisse ce livre être une des bibles de l'Occident, comme le sont les *Mille et Une Nuits*, ou de l'Orient, comme le *Mahâ-Bhârata*). Et cela, au milieu d'arbres fruitiers, autour d'une fontaine. L'air y est salubre. Le site est beau. Mais la fermeture de chaque demeure se fait de l'extérieur. Tout est enclos d'une forte muraille.

Les lieux individuels d'habitation sont groupés en séries, gérés par les nombres : 60, 12, 6, 3, 1. Chacun de ces groupements reçoit un nom; et cela, rassemblé, produirait une litanie : «Pensée divine, Pensée humaine, Lois du langage, Soleil qui luit sur les bons et les méchants.» La ville entière est une inscription comme le rappellent les sentences gravées sur les fontaines :

Fable et parole, synonymes;
Parole et destin, synonymes;
Parole et vérité, synonymes.

Plus, elle est une syntaxe : c'est-à-dire que la juxtaposition et l'équivalence des lieux se changent en discours. D'une part, pour rappeler aux habitants que rien n'est stable en ce monde et que nul attachement n'est légitime, il leur est imposé d'incessantes mutations de demeures. Ces déplacements ne sont ni sans loi ni sans profit; ils équivalent à un cheminement; et, ce faisant, ce qu'ils énoncent, c'est la vie même de ceux qui voyagent en cet espace clos, se déplacent peu en l'espace, mais profondément en eux. Ils constituent donc eux-mêmes une phrase et leurs histoires narrées deviennent, en un livre immense, interminable et vivant, l'histoire figurée de l'humanité. Chacun, peu à peu, perd souvenir de sa vie fautive, boit les eaux du Léthé et, régénéré, sort du tombeau. De noir, son costume devient blanc. Et à travers lui, c'est le monde tout entier qui est restauré : «La Ville des Expiations ne doit jamais être isolée au milieu du monde civilisé. Elle est le lien entre les civilisations progressives. C'est une antique cité de l'Orient, transportée, tout d'une pièce, au milieu de notre changeante Europe.» L'Orient n'est plus ici le signe de l'origine mais celui de la pérennité et du salut.

Cette ville ouverte, «exotérique», est surplombée par une ville haute; le lieu du pouvoir sans partage est représenté par un cube gigantesque de granit. «Le palais de la Haute-Cour est tout entier éclairé par le toit; ses murailles élevées ne sont percées par aucune fenêtre. La seule porte par où on entre est basse et étroite.» L'architecture, on le sait, est une forme figurée de la pensée. Au plus haut, au-delà d'un mur d'enceinte sans porte, comme une tunique sans couture, se trouve une demeure silencieuse. «Je n'avais point oublié que j'étais dans une ville semblable aux villes primitives, et je pensais que peut-être celle-ci avait son arche sainte, son palladium qu'il fallait tenir éloignés, bien éloignés des profanes.» Au narrateur sera accordé un droit de connaissance, car il a été reconnu digne d'être «initié un jour au siècle futur». Les yeux bandés, il pénètre sur le territoire mystérieux par un souterrain. Les portes d'airain du temple s'ouvrent d'elles-mêmes devant le guide et le voyageur. A l'intérieur, qui est d'une hauteur prodigieuse, la lumière flotte en une avenue de colonnes et entoure un obélisque. Le génie de l'architecte est d'avoir contrecarré les lois de la perception, utilisant, comme au Parthénon, les règles de la perspective pour en éliminer les effets : «Je ne sais par quelle illusion de perspective et de lumière il avait su imposer aux yeux la nécessité de voir une triple coupole d'azur, tout étincelante d'étoiles d'or, et qui se perdait non seulement dans les airs, mais j'oserais dire dans les rêves d'une puissance indéterminée.» Cette architecture est «un magnifique hiéroglyphe du triple firmament qui sert de marchepied au trône de l'Eternel [...]». Par l'effet de la lumière diffuse, la coupole semble ne pas poser sur les colonnes terrestres mais être suspendue dans les airs. Couleur d'azur, piquée d'étoiles d'or, elle est un ciel, qui n'évoque pas les profondeurs bleues et noires où se perd le regard, mais le ciel de l'esprit, qui est la demeure du cœur.

La ville est une forme développée du temple, disposant les espaces, profanes et sacrés, et les cheminements, de façon à accorder au néophyte le savoir de l'hiérophante. Les monuments figurent les étapes spirituelles d'une évolution, de la conscience d'une chute ontologique à une rédemption, la vie se changeant en une suite d'épreuves expiatoires. Ce motif, chez Ballanche, n'est pas original : tout le XIXe siècle, épique et romanesque, avec Lamartine ou Hugo, reprendra ce schéma qui justifie, au détriment de l'homme, la présence du mal et du monde. Pour évoquer la mort perpétuelle des civilisations et des êtres, Nodier et Balzac parlent de «palingénésie». Tenant pour vérités que l'humanité est coupable d'être, que toute mutation mène au meilleur, que la douleur est un moyen d'élévation spirituelle, Ballanche fait de sa Ville la représentation d'une sagesse active.

«La Ville des Expiations ne périra point, car elle est ville éternelle; et nous savons que ce nom de ville éternelle désigna un rang, un grade dans la hiérarchie des villes antiques. La Ville des Expiations, comme l'Egypte d'Orphée, est une représentation de toutes les civilisations, de toutes les institutions, de la marche initiatique de l'humanité.» A la Ville des Expiations, il conviendrait d'adjoindre la Ville des Jouissances, non moins digne, non moins noble, plus comblante pour le corps et l'âme réconciliés, et l'au-delà, «tout l'au-delà», resitué dans le présent fugitif.

Car il faut bien tenir cette figuration de la Ville des Expiations pour emblématique de ce qui doit se passer dans les nôtres si à «l'homme des foules», dont E. A. Poe le premier a narré l'errance vaine, est accordée la chance sociale de trouver son identité. Baudelaire n'a pas fait que traduire cette *Nouvelle Histoire extraordinaire*; il l'a méditée dans les *Tableaux parisiens*, voyant les vieillards se multiplier en figures identiques d'eux-mêmes, et contemplant les monstres disloqués que sont à ses yeux «Les Petites Vieilles» :

Ils rampaient, flagellés par les bises iniques,
Frémissant au fracas roulant des omnibus,
Et serrant sur leur flanc, ainsi que des reliques,
Un petit sac brodé de fleurs ou de rébus.

Et le plaisir pris à se fondre dans la foule, note-t-il dans *Fusées I*, est «une expression mystérieuse de la jouissance de la multiplication du nombre». Reprenant cette réflexion dans son étude «Le Peintre de la vie moderne» (III), il rappelle le rôle de certains états, comme l'enfance ou la faiblesse du corps, dans la modification de la perception. Son extension est d'autant plus grande qu'est plus fort l'abandon de soi. La passion de l'artiste c'est d'«épouser la foule». Mais si ce peut être «une immense jouissance que d'élire domicile dans le nombre, dans l'ondoyant, dans le mouvement, dans le fugitif et l'infini», ce ne peut l'être que si ce mouvement qui porte à l'expérience du multiple s'accompagne d'un mouvement complémentaire de reprise, par quoi on peut «être au centre du monde et rester caché au monde». Par là s'exprime la tentation si forte qu'eut Baudelaire d'écrire pour le théâtre : donner existence aux personnages qu'on porte virtuellement en soi, et se ressaisir en demeurant leur metteur en vie. «C'est un *moi* insatiable du *non-moi*, qui, à chaque instant, le rend et l'exprime en images plus vivantes que la vie elle-même, toujours instable et fugitive.» Car il n'est rien qui n'exprime les deux mouvements fondamentaux de l'être : «De la vaporisation et de la centralisation du *Moi*. Tout est là» (*Mon cœur mis à nu, I*).

La ville moderne est devenue un lieu d'éclatement de la communauté humaine en une multiplicité de cellules juxtaposées et disjointes, d'êtres en proie à un incontrôlable et inintelligible mouvement brownien, ou agglomérés en troupeaux entrant douloureusement dans le travail, encore endormis en leur marche, au début de *L'Assommoir*. S'en sépare, s'éveille celui qui déjà dans la foule peut observer et vit dans l'attente. Par cette voie il glisse de la «terre gaste», de la ville vaine, à l'espoir du lieu merveilleux. La pensée «qui se donne tout entière, poésie et charité, à l'imprévu qui se montre, à l'inconnu qui passe » («les Foules») est ainsi déjà dans un univers de la liberté, et par là même accède au sens, passant de la dépossession à l'anticipation.

Ces villes, où on saurait en tout instant en quel point de l'espace étoilé et du temps on est, d'où on vient et où on va, sont des réalisations figurées de l'ordre que l'homme croit pouvoir accorder au cosmos, et qu'il détaille, d'une autre façon, par les récits de fondation, quand il en fait l'archéologie, ou par les eschatologies, quand il imagine l'éternité de son monde. Seront donc inscrites en elles les directions de l'espace et les constellations; mais le panthéon n'y figure pas nécessairement, car la ville imaginaire n'est pas un lieu d'adoration distante, elle est un lieu de métamorphose et de réparation; si elle semble être construite sur une projection à terre de la carte céleste (rien n'interdit qu'elle se partage selon les signes du zodiaque, plaçant à ses douze portes, pour en garder le seuil, leurs figures totémiques), c'est qu'elle a pour temps celui de la grand année. Elle n'est pas même sensible à la précession des équinoxes. Tout arbre en elle est arbre du savoir, et toute liqueur eau-de-vie. Elle est une fête perpétuelle; *hic est ver perpetuum* : elle éternise le 21 mars, quand tout resurgit du sol, quand la corne se fait bourgeon au front des moutons, quand l'herbe devient laine sur le sol, et que les fleurs, comme en quelque peinture flamande, dessinent les arabesques d'un tapis de prière. Un murmure, comme une brume d'été monte de la mer, émane des chambres ouvertes, des rues et des places : on y parle comme après l'amour, dans le chant amébée de chœurs alternés. Alors ne se disent plus que la quiétude et la louange, que la bonté et la délivrance. Car l'être étant vivant sans désir, dans la plénitude de vivre en tout ce qui vit, sa parole ne porte plus à l'action ou à la possession; elle est l'expression naturelle d'un ordre qui, sans fin, se génère et s'accomplit; elle est affirmation de voyant, car il n'est plus de rôle pour le prophète; elle est encore hymne à la beauté des corps qui se déplacent immobiles, comme les kouroï, les paupières baissées. Il convient de faire grandir la ville à l'intérieur de soi, comme un lieu de vraie beauté intime et de présence réelle dans le temps.

Dans son ouvrage sur *Giordano Bruno*, Frances A. Yates cite un long passage du *Picatrix* (le «Révérend Père en diable Picatrix recteur de la Faculté diabolique», dit de lui Rabelais dans *Pantagruel* - III, 23) où est décrite la ville longue de douze milles qu'Hermès fit construire dans l'est de l'Egypte : «Il fit élever un château dont chacune des quatre parties était percée d'une porte. Sur la porte est il plaça l'image d'un Aigle; sur la porte ouest, l'image d'un Taureau; sur la porte sud, l'image d'un Lion; sur la porte nord, l'image d'un Chien. Il introduisit dans ces images des esprits qui parlaient avec des voix et nul ne pouvait franchir les portes de la ville s'il n'avait reçu leur permission. Là il fit planter des arbres, et en leur milieu, un grand arbre qui portait le fruit de toute génération. Au sommet du château il ordonna qu'on érigeât une tour haute de trente coudées et fit placer à son sommet un phare dont la couleur changeait chaque jour jusqu'au septième, après quoi elle retrouvait la première teinte; ainsi la ville était illuminée par ces couleurs» (Lib. IV, cap. 3).

Et cette ville fut appelée Adocentyn. La description gagne à être isolée d'un ensemble, somme toute assez conventionnel, puisqu'il s'agit d'un traité de magie. Elle tire plus de clarté du vaste contexte littéraire, où les statues sont parlantes, où les simulacres ont plus de vertu que les êtres, où les pierres sont des figures de la divinité. Et s'il est beau que se déploie architecturalement une prière à Kronos, mieux vaut ne pas laisser réduire son sens à une volonté de se concilier les démons astrologiques; mais y lire la construction d'une vie que les couleurs du temps en s'associant rendraient blanche, qui aurait la conscience d'être un aboutissement et une origine, qui aurait refait du monde une demeure, dont s'ouvriraient lentement les douze portes.

Poussière d'immortalité

Il nous faut inventer une autre ville, lui donner une autre forme. Rien ne sert de multiplier des variations sur une forme établie. C'est rompre qui importe afin d'instaurer, déchirer pour délier. Il faut entreprendre une réfection de l'imaginaire, comme cela fut fait pour l'entendement. La ville imaginaire répond à une espérance fondamentale : elle est une construction de justice, sur quoi luit un autre soleil ; elle est une construction du désir, où la notion d'interdit n'a plus sa raison ; elle est une construction de l'esprit, qui permet à l'individu de se connaître pour un élément du tout, de se sentir en relation avec l'univers entier. Il est du devoir de chacun de faire advenir la cité terrestre en une cité céleste, d'élaborer ce rêve collectif, où le politique, l'architectural, l'écologique, le langagier, le romanesque et le religieux ont leur part, afin de contraindre la réalité à se transformer. «La ville où je veux entrer a des murs éternels. Les roues des chariots y tracent des cercles infinis. Les forgerons sur leurs enclumes y font jaillir des étoiles immortelles» (quatrième journée, 13). Les ponts y sont faits de nuages, dit l'éternel errant las des rues qui s'étirent. Mais l'*Ahasvérus* (1833) d'Edgar Quinet connaîtrait aujourd'hui une autre tristesse, celle des interminables villes doubles ceinturant la terre de leurs répétitions délabrées. Nous avons à inventer dans nos livres de splendides villes qui soient faites de «terre céleste» : «Voilà la Cité sainte, assise à l'Occident!» s'exclame Rimbaud dans «L'Orgie parisienne ou Paris se repeuple».

Car la ville imaginaire n'a pas d'autre lieu d'existence que la littérature, la peinture et la sculpture, lorsque Dubuffet propose une série de monuments pour abriter *Coucou-Bazard*. Elle existe donc essentiellement à travers les mots ; elle sera, parce qu'elle est nommée. Elle réalise ce à quoi tend la ville réelle, qui est un carrefour de discours. De ce fait elle est un théâtre de mémoire. C'est par le langage qu'il faut la rétablir, la réinventer; c'est-à-dire par un travail poétique. Les constellations sont à organiser sous des nominations, qui ne soient pas des traductions. Faisant retour au nom, à la façon dont un nom est le germe d'un texte et, à son terme, en devient l'écho, je fais retour au livre. Le palais de Knosos, aux yeux de Roger Caillois, qui le rapporte dans *Le Mythe et l'homme* (1938), lui paraît «une architecture de contes de fées orientaux avec l'aspect en même temps pratique, incompréhensible et dramatique que prennent volontiers les souterrains dans les romans d'aventures que la civilisation urbaine a fait naître : à la fois *Les Mille et Une Nuits* et *Les Mystères de Paris*». Les livres sont aussi des villes; et ceux de Hugo, de Huysmans, de Proust font régulièrement référence à la ville comme à un reflet de leur propre construction. Aussi faudrait-il pousser au-delà, comme pour la généraliser, la méditation de Plotin dans *Les Ennéades* (selon la traduction d'Emile Bréhier) : «Car là-bas il y a une intelligence qui, comme un grand être vivant, contient en sa puissance tous les autres êtres ; et il y a d'autres intelligences dont chacune contient en acte ce qu'une autre contient en puissance ; c'est comme si une ville avait une âme ; elle contient des habitants dont chacun a une âme ; mais l'âme de la ville est plus parfaite et plus puissante, bien que rien n'empêche que les autres âmes soient de même nature qu'elle.» Et, détournant cette citation de son intention métaphysique, on peut songer à un livre qui se constituerait, à la façon des boules d'ivoire chinoises, où l'une gravite en l'autre, d'une série de textes tournant les uns sur les autres comme des astres enclos, déterminant à chaque passage de nouvelles correspondances, jouant des couleurs que les heures et les saisons déposent sur les choses. La ville ne serait plus un monument stable et complexe, mais une extension sans fin d'un mobile indéfini, où tout, à tout jamais, viendrait s'intégrer.

Car il importe, pour imaginer la ville nouvelle, de s'admettre habitant de ce monde complexe et passager. Il faut avoir renoncé à chercher dans l'espace une île préservée, où demeurerait intacte une civilisation préadamique ou, en rêvant aux «mouvantes architectures que Dieu fait avec les vapeurs, les merveilleuses constructions de l'impalpable», à édifier d'étranges jardins pleins d'ailes et de lumières ; il faut s'être détourné de la nostalgie d'un passé défunt ou d'un avenir consolateur, pour admettre que la ville imaginaire est déjà présente en la ville habitée.

Le héros de «La Ville des Sphinx» (*D'un pays lointain* , 1898) de Rémy de Gourmont vit en une ville merveilleuse; à l'heure où les ombres sont longues, on distinguait dans les lointains, au-delà des déserts, «des forêts miraculeuses, toutes bleues, de hautes tours blanches sommées d'or, et, vers le couchant, un palais rose aux mille fenêtres de lumière ; des tourbillons d'anges volaient au-dessus de la cime des arbres, et leurs ailes écrivaient dans l'air pur des éclairs». En cette vision, le jeune homme qui rêve trouve une consolation, quand la mort dans la ville se manifeste. Mais les sphinges, à la porte de la ville, interdisent toute sortie, sauf à cet adolescent sage comme un ancien. Il va marcher longtemps vers son désir, parcourant des déserts, vieillissant en traversant les sables, jusqu'à ce qu'il revienne, au terme de sa vie, à la ville qu'il avait quittée dans sa jeunesse. «Je sais que l'univers est ceint d'un cercle noir fait de ténèbres et que la merveille des horizons n'est que la fleur inutile de l'éternelle Illusion.» Et pour qu'il ne révèle pas cette vérité, la sphinge l'écrase. Car son devoir est de maintenir l'illusion ; le rôle de l'écrivain est d'en analyser les mécanismes. L'énigme est une sphynge qui dévore celui qui se dérobe à ses questions.

Ce qui constitue la ville imaginaire, c'est la littérature dans son entier. Thot seul est Trismégiste. La ville est un roman; le roman une ville imaginaire. «A présent, ma cité est achevée, et peuplée et pleine d'âmes jusqu'aux combles», fait dire Edgar Quinet au Père Eternel (mais sous quelle autre image de soi pourrait se concevoir l'écrivain ?), quand s'achèvent les aventures d'Ahasvérus : «Tous les mondes ne font qu'une ville close de créneaux et de murailles d'azur. Chaque étoile est une maison où une âme demeure.» Ainsi parlera plus tard le *Thésée* d'André Gide, contemplant en Athènes l'image de sa vie.

La citadelle alchimique représentée dans l'*Amphitheatrum aeternae sapientae* d'Henri Khunrath (1609) est entourée d'une muraille en étoile, percée de vingt et une entrées. Mais sitôt qu'on a franchi vingt d'entre elles, on se perd comme dans un labyrinthe avant de se heurter à un mur infranchissable, noir, profond, sans substance. Une seule voie mène à parcourir les lieux, de site opératoire en site moral. Si bien que tout se passe comme si les villes imaginaires étaient des planisphères, les unes sentimentales, les autres spirituelles. Tout livre propose ainsi une carte du Tendre ; et le lecteur est amené à pénétrer, à habiter, à fréquenter, à parcourir un espace nouveau, où se mouvant il se transforme. Espace spirituel, isolé et fermé par les lourdes portes des couvertures, partagé, comme par le sextant ou l'octant, en un petit nombre de parties, gradué de la couleur de jaspe à celle de l'améthyste, se transformant de l'inventaire à la cohérence, paysage de l'esprit, ville intime, le livre se sait fait de poussières. («Les chefs-d'œuvre humains sont la cendre des vents», rappelle Lamartine dans la quinzième vision de *La Chute d'un ange)*. Mais ces cendres, comme les sables, que lèvent les pas, globes égrugés, poussières d'éternité, sont emportées dans un mouvement qui ne les laissent pas reposer. Cet emportement est leur immortalité. Comme celle de la parole, l'éternel besoin de formuler, de construire, de dépasser, de reprendre, d'espérer, afin d'entrer un jour aux «Splendides villes». On n'y parlera plus qu'une langue, ni écrite, ni murmurée, mais comprise sans être apprise. A chaque instant où vole notre poussière, celle de nos corps et celle de nos mots, celle de nos lieux et celle de nos désirs, sachons continuer de les vouloir: «Et à l'aurore, armés d'une ardente patience, nous entrerons aux splendides villes.» En celles des *Illuminations*. Situées au soleil couchant, dans l'ombre du soir vers elles naviguent les nomades, cheminent les races, pérégrinent les peuples, roulent les sangs et les chairs, les cœurs et les rêves, s'arrêtent les hordes. La poussière, en quoi nous nous partageons, chez les peuples du désert désigne ce qui se soulève sous les pas et dans le vent, et a autant à voir avec l'esprit d'immortalité qu'avec la mort.

Les Douze Portes

Ce qu'il est donné de voir à celui qui acquiert la liberté du regard, et qui voit correspondre les espaces et les temps en un miroir concentrique, ce sont des villes, selon Swedenborg, dans *Du Ciel et de ses merveilles et de l'Enfer* (1758, traduit du latin par J.F.E. Le Boys des Guays, Paris, 1850): «J'ai vu des Palais du Ciel, qui étaient si magnifiques qu'ils ne peuvent être décrits; en haut ils brillaient comme s'ils eussent été d'or pur, en bas comme s'ils eussent été de pierres précieuses.» Et ces palais qui répètent à l'infini leur magnificience, sont posés sur des «jardins-paradis où pareillement tout resplendissait, et dans certains endroits, les feuilles étaient comme d'argent, et les fruits comme d'or; et les fleurs dans les parterres par leurs couleurs représentaient comme des iris». Iris, pupille et messagère des dieux.

Les villes sont des figurations de la Parole : elles ne sont pas données pour des formes mais pour des musiques. Le désir et l'espérance sont représentés par des parterres, des palais, et des chambres ; les voies et les couleurs sont des appels à cheminer (toutes les couleurs d'iris à parcourir jusqu'à la lumière blanche, recomposée). Ces villes que nous imaginons, ce sont celles où nous entrerons, car nous ne connaîtrons rien que nous n'ayons su anticiper, passant de la possession du divers à la dissolution par les étapes amoureuses et spirituelles des trois Vénus. Car nous n'habiterons nul lieu vrai que nous n'ayons su construire.

En forme de dodécagone, la ville ouvre une porte sur chaque mois. Et pour peu que sept boulevards intérieurs viennent, en se croisant vingt-quatre fois, à déterminer autant de carrefours rayonnant comme une gloire, que d'autres passages tournent en croissants, les uns méridiens, les autres propices au secret, la ville prend forme de calendrier. Mais ce qu'elle représente ce n'est pas le temps qui s'écoule, à la façon de quelque fleuve héraclitéen tenu pour l'équivalent inépuisable de la clepsydre,

Comme la vie est lente
Et comme l'Espérance est violente,

mais la révolution grave des astres et la conjonction de la planète aphète, de l'étoile du matin, et de la planète anérète, au crépuscule du soir. Si les astres ont été créés pour que soit mesurée l'existence «des créatures qui n'ont pas droit à l'Eternité, puisque le Temps est une privation d'Eternité», selon *Timée* (38, bd), il est de l'ambition de la ville imaginaire d'intégrer à sa présence leur éternel roulement lent, de se perpétuer à leur rythme en se faisant à leur image. Si bien que tout en étant insensible à la durée, la ville est en mouvement, comme une parole, dont la vérité est le ressassement. Tant le livre, qui en supporte la description, que la ville imaginaire, qui en est l'illustration, fonctionnent à la façon de quelque astrolabe, faisant se mouvoir conjointement le soleil et les autres étoiles, orientant les monuments et les aspirations vers le centre inconcevable de la spirale du monde. La ville imaginaire enclôt en elle le monde céleste, la lumière qui l'éclaire est un soleil de justice.

Chacune des portes est marquée d'une couleur déployant le spectre au-delà de ce que l'œil physique perçoit, recomposant une lumière plus transparente que blanche. Et le long des voies ensoleillées, des notes différentes se font entendre, déroulant la gamme au-delà de ce qui est perceptible au corps, soupirant, murmurant, s'appelant, se composant à mesure que le promeneur reconnaît pour sien, enfoui et libéré, un nouveau message. Et la voix musicale s'enfle, travaillant le savoir ancien, le creusant, l'ensemençant, le multipliant, le diversifiant, l'accomplissant, défaisant des cohérences affectées pour de nouvelles harmonies, comme en ces villes où les parties nouvelles se sont construites les unes s'appuyant aux autres, les unes par-dessus les autres, les voûtes des unes servant de caves aux autres, les murs s'adossant pour former une enceinte, jusqu'à constituer tous ensemble un fruit ouvert dans son épanouissement. Tout portera, guidera, conduira l'habitant à pénétrer en la représentation fidèle de ce qu'il aura été capable d'imaginer et d'édifier,

pour vivre en un palais gigantesque et babylonien, aux espaces pavés de porphyre et scandés de colonnes, plein de fourrures au sol et de passantes, place des Oiseaux, de temples artistiquement ruinés et de promeneuses nonchalantes (l'homme de la rue, en veston et chapeau melon, ne lit plus de journal; il n'a plus usage de la prose); elles portent des chapeaux printaniers, des jupes longues et entravées, mais fardent leurs seins nus boulevard des Conjonctures amoureuses ; nulle clôture n'enserre les violettes et les trinitaires sur quoi veillent la déesse et son fils, mêlant les dauphinelles et les mille-pertuis, autour de la fétuque massive et verte, joignant la jacobée et l'hélianthème rubescente ; aucune paroi n'entoure les portes-fenêtres, les miroirs sont transparents, les divans profonds avenue des Questions et des Vœux ; les tramways immobiles sont éclairés comme des églises à l'office du soir ; elles lisent les paupières closes ; des satins flous et fuyants flottent en nuits claires sur leurs épaules ; et, comme si elles étaient toutes la même, dans la grâce de leur indifférence au regard et de la certitude, de la beauté de leurs membres déliés comme des végétaux, de leurs ventres soyeux et tendres, de leurs chevelures matinales, elles mènent en procession vers une mandorle, lieu d'abouchement et de rayonnement, où deux corps sont étendus, lui assoupi en un abandon au bonheur, elle le veillant, le pied nu hors de la robe souple, et la main lasse et douce sur la cuisse, Mars et Vénus, dans la Ville des Rêves communs;

en un jardin où tout semble en fleurs bien qu'il n'y ait qu'une rose blanche épanouie, au centre d'une architecture végétale où se mêlent aux acacias les rhododendrons, où les arbres se plient à la pensée, lient leurs branches les unes aux autres, faisant une voûte en berceau le long d'une rivière circulaire «le sable du fond est mêlé de paillettes d'or et, au lieu de cailloux, garni de pierres précieuses»; les pommiers d'amour forment des touffes rondes sur des piédestaux d'albâtre; la Vénus des flammes et celles des abîmes sont sans pouvoir sur eux; les architraves, les frises, les corniches, les frontispices de topaze, de béryl, de chrysoprase sont emplis de terre, et chaque colonne est plantée d'un buis qui alterne avec une glycine, comme les pierres entre elles «si deux colonnes sont de jaspe, le vase est d'agathe» ; les simples et leurs fleurs font de l'île centrale une tapisserie que filent les Saisons et les Heures, un arc-en-terre redouble l'arc-en-ciel ; les clôtures plus lointaines, avec les ocres des orangers et des citronniers miroitent au moindre tremblement des feuilles lisses; le mouvement chanteur des oiseaux fait battre les arbres-cœurs ; des demoiselles, celle à qui les chevelures sont remises en offrande, celle qui marche sur l'eau, celle qui passe, celle qui revient, chantent, dansent, devisent, lisent les «histoires et livres d'amour»; et lui, qui progresse parmi elles, habite une ville vivante se tournant, apercevant, reconnaissant une apparition guère moindre que céleste, toute de vérité, de beauté et de courage en un corps de pucelle, *quisquis es, quantumcumque libuerit, hujus thesauri sume* prends et mange de ce corps comme de celui de la déesse ouranienne aux grands yeux noirs ; découvrant, en la nommant Polia, que son nom propre est Poliphile, et que la ville est toute végétale et frissonnante, ouverte sur le ciel comme les temples de Jupiter, n'ayant rien en elle qui mure, mais tout qui se traverse, rien qui soit obscur mais tout qui est conseil, rien qui soit jugement mais tout qui est mouvement. Et elle le regarde, la main droite levée, l'index dressé, l'introduisant au coin de la Ville du Pur et Cruel Amour ;

en une ville illimitée à demi transparente et nacrée sans mer pour la border, faite d'architectures aériennes, la terre donnant le jour au ciel couronné d'étoiles, des rouges violacés, en vibrant, s'entrouvrent sur des espaces jaspés, faisant de l'ensemble un corps sans poids ni contour, laissant apparaître d'immenses champs de lin, des chevelures sous la forme d'éventails ouverts et palpitants, des toisons de fils d'or, se diluant, s'effaçant, des laines, en gerbes ondoyantes, s'effilochant, se décolorant, des vrilles luminescentes s'annulant, s'oubliant pour former le corps d'une Ville Sans Corps, dans une lumière sans soleil en un espace sans palais ni limite, pierre vive et poussière d'immortalité, souffle sans substance, vision sans image, conscience sans pensée, cœur sans battement, amour, sans raison, des astres et de rien ;

tandis que les sociétés s'amassent dans l'orage autour des noyaux anciens, frangent d'indistincts faubourgs, qui se rejoignent les uns les autres par des sortes de filaments ténus ; les hordes se déchirent, se rapprochent, mettent en relation les cités, campent mais ne demeurent pas, transformant la planète en une seule métropole, s'entassant, se décomposant, s'asphyxiant, explosant, en dérives, en désastres.

Bibliographie

Ouvrages généraux

I. Géographie des villes

Bailly A., *La Perception de l'espace urbain* Paris, Centre de recherche sur l'urbanisme, 1977.

Beaujeu-Garnier J. et Chabot G., *Traité de géographie urbaine,* Paris, Armand Colin, 1963.

Labasse J., *L'Organisation de l'espace. Eléments de géographie volontaire,* Paris, Hermann, 1966.

Lavedan P., *Géographie des villes,* Paris, Gallimard, 1959.

George P., *La Ville. Le fait urbain à travers le monde,* Paris, PUF, 1952.

Maunier R., *L'Origine et la fonction économique des villes,* Paris, Bibliothèque sociologique internationale, 1910.

II. Histoire des villes et urbanisme

Barrel Y., *La Ville médiévale,* Grenoble, PUG, 1973.

Choay F., *L'urbanisme, utopies et réalités, une anthologie,* Paris, Seuil, 1965; *La Règle et le modèle,* Paris, Seuil, 1980.

Choay F., Banham R., Baird G. *et al., Le Sens de la ville,* Paris, Seuil, 1972.

Clavel M. et Levêque P.,*Ville et structures urbaines dans l'Occident romain,* Paris, Armand Colin, 1971.

Deffontaines P., *L'Homme et sa maison*, Paris, Gallimard, 1972.

Grimal P., *Les Villes romaines*, Paris, PUF, 1954.

Lavedan P., *Histoire de l'urbanisme. Renaissance et temps modernes*, Paris, H. Laurens, 1925-1941.

Lavedan P. et Hugueney J., *L'Urbanisme au moyen-âge*, Genève, Droz, 1974.

Mumford L., *La Cité à travers l'histoire*, Paris, Seuil, 1964.

Pirenne H., *Les Villes du moyen-âge*, essai d'histoire économique et sociale, Bruxelles, M. Lamertin, 1927.

Ragon M., *L'Urbanisme et la cité*, Paris, Hachette, 1964 ; *Les Visionnaires de l'architecture*, Paris, Laffont, 1965.

Toynbee A., *Les Villes dans l'histoire*, Paris, Payot, 1972.

III. Représentation des villes

Coll. *Illusione e pratica teatrale* (catalog. 37), 1975, *Disegni teatrali dei Bibiena* (catalog. 31), 1970, Fondatione Giorgio Cini, Neri Pozza ed.

Francastel P., *La Figure et le lieu : l'ordre visuel du Quattrocento*, Paris, Gallimard, 1967.

Lavedan P., *Représentation des villes dans l'art au moyen-âge*, Paris, Vanoest, 1953.

Mascoli L., Pinon P.,Vallet G. et Zevi F., *Pompéi. Travaux et envois des architectes français au XIXe siècle*, Ecole nationale supérieure des Beaux-Arts. Ecole française de Rome. Paris, Naples, 1981.

Panofsky E., *Architecture gothique et pensée scolastique*, Paris, Ed. de Minuit, 1970.

Rousenau H., *Ideal City into Architectural Evolution*, Bristol, 1959.

Sciolla C. (sous la direction de), *La Città ideale nel rinascimento*, Scritti di Alberti, Filarete, Francesco di Giorgio Martini, Cataneo, Palladio, Vasari il Giovane, Scamozzi, Torino, Utet, 1975.

IV. Lectures de la ville

Bachelard G., *La Poétique de l'espace*, Paris, PUF, 1957.

Baltrusaitis J., *La Quête d'Isis*, Paris, O. Perrin, 1967.

Comblin J., *Théologie de la ville*, Paris, Ed. universitaires, 1968.

Damais L.-Ch., «A propos des couleurs symboliques des points cardinaux» *in Bulletin de l'Ecole française d'Extrême-Orient*, t. LVI, 1969.

Ellul J., *Sans feu ni lieu. Signification biblique de la grande ville* Paris, Gallimard, 1975.

Gilson E., *Les Métamorphoses de la cité de Dieu*, Louvain, Paris, 1952.

Gusdorf G., *Les Sciences humaines et la pensée occidentale*, t. III, La Révolution galiléenne, Paris, Payot, 1969.

Ledrut R., *Les Images de la ville*, Paris, Anthropos, 1973.

Lefèbvre H., *La Pensée marxiste et la ville*, Paris, Tournai, Casterman, 1972; *La Production de l'espace*, Paris, éd. Anthropos, 1974.

Le Gall J., «Les Romains et l'orientation solaire», *in Mefra*, n° 1, 1975.

Marconi P., Fiore F.P., Muratori G., Valeriani E., *La città come forma simbolica*, Roma, 1973.

Mucchielli R., *Le Jeu du monde et le test du village imaginaire*, Paris, PUF, 1960.

Sami-Ali, *L'Espace imaginaire*, Paris, Gallimard, 1974.

Sansot P., *Poétique de la ville*, Paris, Klincksieck, 1971.

Toffin G., «Espace urbain et religieux. A propos de l'urbanisme newar» *in Cahiers népalais*, Paris, CNRS, 1981.

Weber M., *La Ville*, Paris, Aubier, 1982.

Yates F.A., *Giordano Bruno and the Hermetic Tradition*, Londres, 1964, (trad. française par Marc Rolland, Paris, Dervy, 1988).

Littérature

I. Utopies et voyages imaginaires

a) Ouvrages généraux

Atkinson G., *The Extraordinary Voyage in French literature from 1700 to 1720*, New York, 1920 - Paris, 1922; *Les Relations de voyages du XVIIIe siècle et l'évolution des idées*, Paris, 1924 (rééd. Genève, Slatkine, 1972).

Baczko B., *Lumières de l'utopie*, Paris, Payot, 1978.

Christ Y., *Paris des utopies*, Paris, Balland, 1977.

Cioranescu A., *L'Avenir du passé*, Paris, Gallimard, 1972.

Dermenghem E., *Thomas Mann et les utopies de la Renaissance*, Paris, Plon, 1927.

Desroches H., *Les Dieux rêvés : théisme et athéisme en utopie*, Paris, Desclée de Brouwer, 1972.

Dubois C.-G., *Problèmes de l'utopie*, Paris, Lettres modernes, 1968.

Duveau G., *Sociologie de l'utopie*, Paris, PUF, 1961.

Klein R., *La Forme et l'intelligible*, (ch. XIII), Paris, Gallimard, 1970.

Marin L., *Utopiques : jeux d'espaces*, Paris, Minuit, 1973.

Messac R., *Esquisse d'une chrono-bibliographie des «utopies»*, Lausanne, Club Futopia, 2.962.

Mucchielli R., *Le Mythe de la cité idéale*, Paris, PUF, 1960.

Rihs Ch., *Les Philosophes utopistes*, Paris, Marcel Rivière, 1970.

Ruyer R., *L'Utopie et les utopies*, Paris, PUF, 1950.

b) textes

Versins P., *Outrepart* - anthologie, Paris, La Tête de feuilles – Lausanne, La Proue, 1971.

Andreae J.V., *Republicae Christiano-politanae descriptio* (1619) *in* Held F.E. *Christianopolis, an Ideal State of the seventeeth century.* New York, Oxford University Press, 1916.

Bacon F., *The New Atlantis* (1702), Cambridge, 1900.

Cabet E., *Voyage et aventures de Lord Carisdall en Icarie*, Paris, 1840.

Campanella Th., *Civitas solis politica idea republicae philosophicae* (1602; 2e version : 1637) trad. Villegardelle : *La Cité du Soleil ou idée d'une république philosophique*, Paris, 1840.

Foigny G. de, *La Terre australe connue c'est-à-dire, la description de ce pays inconnu jusqu'ici, de ses mœurs et de ses coutumes*, par M. Sadeur.,Vannes, 1676.

Gott S. [Milton John], *La Nouvelle Solyme*, [Nova Solymae libri sex. Londini 1648] rééd. 1902.

Mésange P. de, *La vie, les aventures et voyages au Groenland du Révérend Père Cordelier Pierre de Mésange. Avec une relation bien circonstanciée de l'origine, de l'histoire des moeurs et des habitants du pôle Arctique,* Amsterdam, Etienne Roger, 1720.

Moncy J. de, *Histoire du grand et admirable royaume d'Antangil incogneu jusques à présent*, Leyde, 1616.

More Th., *La Description de l'Isle d'Utopie* , (1516) trad. J. Leblond, 1550.

Restif de la Bretonne N.-E., *La Découverte australe par un homme volant ou le Dédale français,* 1781.

Terrasson abbé J., *Sethos, histoire ou vie tirée des monuments anecdotes de l'Ancienne Egypte, traduite d'un manuscrit grec,* Paris, 1731.

Tiphaigne de la Roche C.-F., *Giphantie,* Babylone, 1760.

Tyssot de Patot S., *Voyages et aventures de Jacques Massé,* Bordeaux, 1710.

Vairasse d'Allais D., *Histoire des Sévérambes, peuples qui habitent une partie du troisième continent, communément appelé la Terre australe,* Amsterdam, 1677 [éd. 1716 porte le nom : Sevarambes].

c) Langage

Cornelius P., *Languages in Seventeenth and Early Eighteenth century imaginary voyages,* Genève, Droz, 1965.

Pons A., «Les langues imaginaires dans le voyage utopique», *in Revue de littérature comparée* X, oct.-déc., 1930, XI, avril-juin, 1931, XII, 1932; «Le voyage, genre littéraire au XVIIIe siècle» *in Bulletin de la Faculté des Lettres de Strasbourg,* 1925-1926.

V.- David M., *Le Débat sur les écritures et l'hiéroglyphe aux XVIIe et XVIIIe siècles,* Bibliothèque générale de l'Ecole pratique des hautes études - VIe section, 1965.

Starobinski J., «Eloquence et liberté», *in Revue suisse d'histoire* t. 26, fasc. 4, 1976.

II. Ecrits sur la ville

Apollinaire G., *Œuvres en prose,* Paris, Gallimard (Bibliothèque de la Pléiade), t. I, 1977.

Ballanche P.S., *La Ville des Expiations* (*in Œuvres*, 1830), Paris, Belles-Lettres, 1926.

Baudelaire Ch., *Œuvres*,
Paris, Gallimard (Bibliothèque de la Pléiade), 1951.

Beckford W., *Vathek* (1787), Paris, Ed. Stock, 1948.

Bonnefoy Y., *L'Improbable*, Paris, Mercure de France, 1980.

Borges J.L., *Labyrinthes*, trad. de R. Caillois, Paris, Gallimard, 1953.

Chateaubriand F.R. de,*Œuvres romanesques et voyages*,
Paris, Gallimard (Bibliothèque de la Pléiade), 1969.

Cayrol J., *De l'espace humain*, Paris, Seuil, 1968.

Claudel P., *Œuvres poétiques*,
Paris, Gallimard (Bibliothèque de la Pléiade), 1967.

Court de Gébelin, *Le Monde primitif analysé et comparé avec le monde moderne*, 8 t., 1774-1781.

Cyrano de Bergerac S. de, *L'Autre Monde ou les Etats et Empires de la Lune, suivi des Etats et Empires du Soleil*, (1650, éd. intégrale 1921),
Ed. F.Lachère, *in Œuvres*, Paris, Champion, 1921
Ed. M. Alcover, Champion, 1977.

Doyle A. Conan (Sir), *The Maracot Deep* (trad. Gilles Vauthier : *La Ville du gouffre*), Rééd. Lausanne, éd. Rencontre, 1970.

Gautier Th., *Romans et contes*, Paris, Charpentier, 1863,
Récits fantastiques, Paris, Flammarion, 1981.

Gracq J., *Œuvres complètes*,
Paris, Gallimard (Bibliothèque de la Pléiade), t. I, 1989.

Gide A., *Romans*, Paris, Gallimard (Bibliothèque de la Pléiade), 1958.

Hugo V., *Les Misérables*, Paris, Gallimard (Bibliothèque de la Pléiade), 1951; *La Légende des Siècles - Dieu - La Fin de Satan*
Paris, Gallimard (Bibliothèque de la Pléiade), 1984.

Jarry A., *Œuvres complètes*,
Paris, Gallimard (Bibliothèque de la Pléiade), t. I, 1972.

Kahn G., *L'Esthétique de la rue*, Paris, Fasquelle, 1901.

Lamartine A. de, *Œuvres poétiques complètes*
Paris, Gallimard (Bibliothèque de la Pléiade), 1978.

Nerval G. de, *Œuvres complètes*
Paris, Gallimard (Bibliothèque de la Pléiade), t. I, 1952; t. II, 1958.

Péguy Ch., *Œuvres en prose*,
Paris, Gallimard (Bibliothèque de la Pléiade), t. I, 1959; t. II, 1957.

Pieyre de Mandiargues A., *Sous la Lame*, Paris, Gallimard, 1976.

Plotin, *Les Ennéades*, Trad. Emile Bréhier. Paris, Belles-Lettres, 1924-1938.

Proust M., *A la recherche du temps perdu*,
Paris, Gallimard (Bibliothèque de la Pléiade), t. I, 1987; t. II, 1988.

Quinet E., *Ahasvérus* (1833),
in Œuvres complètes, t. VII, Paris, Pagnerre, 1858.

Rimbaud A., *Oeuvres complètes*,
Paris, Gallimard (Bibliothèque de la Pléiade), 1972.

Roussel R., *Impressions d'Afrique* (1910), Paris, Pauvert, 1963.

Tarde G., *Fragment d'histoire future*, Paris, Gérard et Brière, 1896.

Verne J., *Les Indes noires* (1877) ; *Les Cinq Cents Millions de la bégum* (1879) ; *Vingt Mille Lieues sous les mers* (1869-1870), Lausanne, éd. Rencontre, 1967-1968.

Vigny A. de, *Œuvres complètes*,
Paris, Gallimard (Bibliothèque de la Pléiade), t. I, 1986.

Table des illustrations

X. William Blake (1757-1827)
Europe, une prophétie : l'Eternel,
vers 1821
Gravure à l'eau-forte et
aquarelle, Cambridge,
Fitzwilliam Museum
Photo du musée

XI. François de Nomé, dit
"Monsù Desiderio"
(vers 1593 - après 1644)
Architecture
Orléans, musée des Beaux-Arts
Photo Bulloz, Paris

XII. *Babylone,* enluminure pour
Beatus de Liebana, Commentaire
sur l'Apocalypse
Abbaye de Saint-Sever,
milieu du XIe siècle
Paris, Bibliothèque nationale
Photo BN, Paris

XIII. Nicolò dell'Abate
(1509 ? 1516 ? - 1571)
L'Enlèvement de Proserpine, détail
Paris, musée du Louvre
Photo RMN, Paris

XIV. René Caillié (1799-1838)
Vue de Tombouctou,
vers 1824-1828
Lavis
Paris, Bibliothèque nationale
Photo BN, Paris

XV. Fernand Khnopff
(1858 -1921)
La Ville abandonnée, 1904
Fusain, crayon noir et pastel
Bruxelles, musées royaux des
Beaux-Arts de Belgique
Photo G. Cussac, Bruxelles

XVI. Lucien Lévy-Dhurmer
(1865 -1953)
Portrait de Georges Rodenbach, 1896
Pastel
Paris, musée national d'Art
moderne - Centre
Georges-Pompidou
© Droits réservés
Photo Bulloz, Paris

XVII. Albert Carel Willink
(1900 -1983)
Stadtsgezicht, 1934
Eindhoven,
Stedelijk Van Abbemuseum
© Droits réservés
Photo du musée

XVIII. Ambrogio Lorenzetti
(vers 1290 -1348)
Vue d'une ville près de la mer
Sienne, pinacoteca nazionale
Photo Dagli Orti, Paris

XIX. Yves Tanguy (1900 -1955)
Du vert au blanc, 1954
Mexico, collection
M. et Mme Jacques Gelman
© SPADEM, Paris
Photo Lauros-Giraudon, Paris

XX. Pieter Bruegel l'Ancien
(vers 1525 -1569)
La Tour de Babel, détail, 1563
Vienne,
Kunsthistorisches Museum
Photo Erich Lessing/Magnum,
Paris

XXXIV-XXXV.
Horst von Harbou
Photo du film de Fritz Lang,
Metropolis, 1925-1927
Paris, Cinémathèque française

XXXVI. Antoine Caron
(1521-1599)
La Sibylle de Tibur
Paris, musée du Louvre
Photo RMN, Paris

XXXVII. Gustave Moreau
(1826-1898)
Triomphe d'Alexandre le Grand
Paris, musée Gustave-Moreau
Photo Lauros-Giraudon, Paris

XXXVIII-XXXIX.
Claude Gellée, dit le Lorrain
(vers 1602-1682)
Vue de Carthage avec Didon et Enée
1676
Hambourg, Hamburger
Kunsthalle
Photo du musée - Elke Walford

XL. Pol de Limbourg (?-1416?)
Plan de Rome, enluminure pour
*les Très Riches Heures du duc de
Berry*, 1415-1416
Chantilly, musée Condé
Photo Giraudon, Paris

XLI. Louis Verly (1769-1842)
Théâtre et bains du Peuple
Dessin
Lille, musée des Beaux-Arts
Photo du musée

XLII. *Lanqua, la ville enchantée*,
enluminure pour *l'Histoire des
Mongols*, XVIIe siècle
Venise, bibliothèque Marciana
Photo Dagli Orti, Paris

XLIII. *Jérusalem*, enluminure
pour *Advis directif pour faire le
passage d'Oultre-mer* de
Jean Miélot, 1455
Paris, Bibliothèque nationale
Photo BN, Paris

XLIV-XLV-XLVI.
Francesco di Giorgio Martini
(1439-1502) (attribué à)
Architecture d'une cité idéale
Fresque
Urbino, palazzo ducale
Photo Erich Lessing/Magnum,
Paris

Table des matières

DU MEME AUTEUR

Aux éditions Gallimard :

Michel Butor et le livre futur, proposition
La Chambre, parenthèse
Trois villes orientées, passage
Poètes et grammairiens au XVIIIe siècle, anthologie
Les Prisons, roman
Ce qui nous revient, essais critiques
Autre part, paysage d'accompagnement
Lieu de composition, tournant

Aux éditions Ubacs :

Une ombre au tableau, littérature et peinture

DANS LA MEME COLLECTION

Volumes parus
Petit Guide pédestre de la littérature française au XVIIe siècle (1600-1660), par Michèle et Michel Chaillou.
Le Joli Temps - Philosophes et artistes sous la Régence et Louis XV (1715-1774), par Jean-Noël Vuarnet.

Volumes à paraître
Ces Imbéciles Croyants de liberté (1815-1852), par Michel Orcel et François Boddaert.
Le Second XVIe siècle (1550-1600), par Pierre Lartigue.
Les Baromètres de l'âme - Naissance du journal intime, par Pierre Pachet.

Aubin Imprimeur
LIGUGÉ, POITIERS

Achevé d'imprimer le 22 mai 1990
N° d'impression L 35298
Dépôt légal, mai 1990
Imprimé en France